Gabriele Kopp, Josef Alberti, Siegfried Büttner

Dabei! A1.2

DEUTSCH FÜR JUGENDLICHE

Deutsch als Fremdsprache
Kursbuch

Hueber Verlag

Filmdidaktisierungen unter Mitarbeit von Daniel Orozco Coronil

5. 4. 3. | Die letzten Ziffern
2026 25 24 23 22 | bezeichnen Zahl und Jahr des Druckes.
Alle Drucke dieser Auflage können, da unverändert, nebeneinander benutzt werden.
1. Auflage

Umschlaggestaltung: Sieveking · Agentur für Kommunikation, München
Gestaltung und Satz: Sieveking · Agentur für Kommunikation, München
Verlagsredaktion: Julia Guess, Hueber Verlag, München
Druck und Bindung: Firmengruppe APPL, aprinta druck GmbH, Wemding
Printed in Germany
ISBN 978-3-19-501779-4

Art. 530_26786_001_03

Inhalt

Piktogramme und Symbole	
	In der Aufgabe geht die Modulgeschichte weiter.
Und du bist Dabei!	Die Schüler erzählen die Geschichte selber weiter.
1/07 (CD 1, Track 7)	Aufgabe mit Hörtext
Film Modul 5	Aufgabe mit Film
→ AB 8	Passende Übung im Arbeitsbuch
	Hinweise zum Wortschatz und zur Kommunikation
	Hinweise zur Grammatik
	Hinweise zur Aussprache
	Lerntipp

Inhalt

Deutsch oder Englisch?

1 Comic, Mailbox & Co

a Lies die Wörter. Welche Wörter kennst du?

1/02-07 **b** Hör die Szenen 1–6 und schau die Bilder A–F an. Was passt zusammen?

1/02-07 **c** Hör die Szenen noch einmal und zeig die Wörter auf den Bildern mit.
→ AB 1-3

2 Was ist was?

Schutz beim Online-Shopping
Wenn Sie Online-Bezahldienste nutzen, prüft unsere Software die Sicherheit der Web-Seite.

①

②

NEU IN UNSERER MODEABTEILUNG

NEW ARRIVAL

Skinny Jeans,
98 % Baumwolle
2 % Elastan

Jogging-Anzug,
jeweils Jacke oder Shirt
und Hose

③

Smartphone und Tablet
Basic Kurs Nr. 1120 ab 25. September

Zusammenarbeit von Smartphone oder Tablet mit dem Computer. Musik, Filme und Informationen einfach finden. App-Stores, Music-Stores, Movie-Stores, Home-Entertainment und Multimedia.

④

a Lies die Anzeigen 1–4. Welche Wörter erkennst du?

b Zu welchen Anzeigen gehören die Fotos A–C?

Ⓐ Sport/Freizeit

Ⓑ Computer / Technik

Ⓒ Kleidung

→ AB 1-3

3 Deutsch oder Englisch?

A

B

C

①

Meine Band ist sooo cool!

Seit 2001 verließ Ron Kelly 10-mal das Studio mit einem fertigen Album. Auch auf „Hysteric Way“, seiner 11. CD, zeigt er mit seinen Musikern, wie gut er den Rock‘n’Roll beherrscht. „Meine Band ist sooo cool“, sagte er kürzlich. Aber selbstverständlich spielt der sympathische Band-Leader auch selbst wieder fantastisch Gitarre. Termine und Tickets für die Europa-Tournee im Internet unter info@Kelly

②

My band is sooo cool!

Since 2001, Ron Kelly has departed the studio 10 times with a newly completed album. In his new CD, called “Hysteric Way”, which is his 11th album, he clearly shows us again how well he and his musicians know rock‘n‘roll. Recently he said: “My band is sooo cool.” Naturally, the friendly bandleader is a fantastic guitar player himself. Dates and tickets for the European tour are online at info@Kelly.

a Worum geht es in den beiden Texten? Welches Bild passt?

b Lies die Texte noch einmal. Welche Wörter erkennst du?

c Vergleiche die beiden Texte. Welche Wörter sind gleich oder ähnlich?

5

Schau die Bilder an. Worum geht es? Sprich in deiner Sprache.

Geschichte: Wir sind sechs Freunde

Freunde

Das lernst du:

- über Vorlieben sprechen
- eine Person beschreiben
- sagen, was man (nicht) kann
- einen Vorschlag machen, annehmen oder ablehnen
- sagen, was (nicht) geht
- über das eigene Befinden sprechen
- Glückwünsche aussprechen

- Hobbys
- Jahreszeiten
- Freizeitorte

- Genitiv-*s* bei Namen
- Possessivartikel *seine/ihre* (Plural)
- Modalverb *können*
- Ortsangaben mit Akkusativ
- trennbare Verben

13 Sechs Freunde

1 Lied: Das sind wir!

1/08 **a** Hör zu und lies mit.

b Welches Bild passt zu den Strophen 1–6? Was ist das Lösungswort?

D

U

F

E

N

R

1/09 **c** Karaoke: Sing zum Playback.

→ AB 1-2

2 Was machen sie in der Freizeit?

schwimmen

Freunde treffen

tanzen

fernsehen

surfen

shoppen

Snowboard fahren

reiten

Klavier spielen

Skateboard fahren

Rad fahren

im Internet surfen

Schach spielen

spazieren gehen

1/10-16 **a** **Hör die Texte 1–7 und schau die Bilder an.**

1/17 **b** **Hör die Wörter, zeig auf den Bildern mit und sprich nach.**

1/10-16 **c** **Lies das Lied in 1 noch einmal. Hör dann die Texte 1–7 noch einmal. Wer spricht?**

d **Ergänze die Aussagen.**

1. Alle nennen Bogdana ???. Bobbys Eltern kommen aus ???.
2. Der Junge lernt mit Steffen ???. Er möchte den ??? mit Johnny Depp sehen.
3. Steffens Lieblingshobby ist ???. Die Freunde spielen ??? Schach.
4. Sie macht im Sommer und Winter ???. ??? macht oft mit.
5. Beate heißt auch ???. Beas Bruder macht auch ???.
6. ??? fährt schon Skateboard. Er möchte jetzt ??? fahren lernen.
7. Alle gehen zusammen in die ???. Sie ??? gern, nur ??? nicht. Er ???.

→ AB 1-2

Hobbys
schwimmen
Freunde treffen
tanzen
fernsehen
reiten
Rad fahren
spazieren gehen
Schach spielen

3 Und jetzt du!

a **Frag deine Partnerin/deinen Partner.**

Was für ein Hobby hast du?

b **Frag auch so:**

Was machst du zu Hause?

→ AB 3

4 Jahreszeiten

Frühling

Sommer

Herbst

Winter

1/18 **a** Hör zu und ergänze die Jahreszeit.

1/19 **b** Wann machst du das? Hör zu und antworte.

Im Frühling.

→ AB 4

> **Jahreszeiten**
> Frühling
> Sommer
> Herbst
> Winter

5 Geräusche raten

1/20 Hör zu. Was für ein Hobby ist das?

→ AB 4

6 Was machst du gern?

Sport machen
Musik hören
lesen
fernsehen
malen
schwimmen
reiten
Fußball spielen
tanzen

a Sammelt Hobbys an der Tafel.

1/21 **b** Hör zu und sprich Frage und Antwort nach.

1/22 **c** Und jetzt du! Hör zu und antworte.

d Frag deine Partnerin/deinen Partner:

> **über Vorlieben sprechen**
> ■ Ich ... gern.
> Machst du gern ... ?
> ▲ Nein, ich ... lieber.
> Was machst du lieber, ... oder ...?

→ AB 5

7 Interviewspiel

1. Sport machen
2. Musik hören
3. lesen
4. fernsehen
5. malen
6. schwimmen
7. reiten
8. Fußball spielen
9. tanzen

a Schreibt Nummern vor die Hobbys.

b So geht das Spiel: Schau im Magazin auf Seite 68 nach.

c Lest zum Schluss vor:

Meikes Lieblingshobby ist ...

→ AB 6

> **Genitiv-s bei Namen**
> Meike hat ein Lieblingshobby: Malen.
> → Meike**s** Lieblingshobby ist Malen.

1 Wie sehen die Leute aus?

Haare: blond rot braun schwarz

Augen: blau grün braun schwarz

1/23 **Hör zu, zeig mit und sprich nach.**

→ AB 1

> **eine Person beschreiben**
> groß ↔ klein
> sympathisch ↔ unsympatisch
> sportlich ↔ unsportlich
> hübsch
> Haare: blond/rot/braun/schwarz
> Augen: blau/grün/braun/schwarz

2 So sehen wir aus!

1/24 **a** **Hör zu und schau die Bilder A–F an.**

1/24 **b** **Hör noch einmal zu und lies mit. Wer ist wer?**

1. Er ist groß.
   Seine Haare sind braun.
   Seine Augen sind braun.
2. Er ist ziemlich klein.
   Seine Haare sind rot.
   Seine Augen sind blau.
3. Sie ist groß.
   Ihre Haare sind blond.
   Ihre Augen sind braun.
4. Sie ist klein.
   Ihre Haare sind rot.
   Ihre Augen sind grün.

c **Wer fehlt? Beschreib die Personen.**

→ AB 2

> **Possessivartikel**
> ***seine/ihre* (Plural)**
>
> | er → | sie → |
> |---|---|
> | seine Haare | ihre Haare |
> | seine Augen | ihre Augen |

3 Wer ist das?

Beschreib einen Mitschüler oder eine Mitschülerin. Die anderen raten.

→ AB 2

Er/Sie ist groß/klein …

Seine/Ihre Augen/Haare sind …

4 Der Veranstaltungskalender

Unter 18

DER VERANSTALTUNGSKALENDER

Keine 18, kein Geld und keine Ahnung, was läuft? Wir haben uns für dich in München umgehört, damit du weißt, was abgeht ...

E **20. September: Rock 'n' Roll- Wettbewerb**
Zu Live-Musik. Tanz in der Jugendkulturwerkstatt Sendling

N **21. September: Skateboard am Abend**
Skaten nach Lust und Laune im Skatepark Moosach von 18.00 bis 20.00 Uhr für Jugendliche ab 12

L **23. September: Wettbewerb der Musikschule Erding**
Kannst du Gitarre oder Klavier? Dann bewirb dich. Der Sieger/Die Siegerin bekommt ein Stipendium an der Musikschule.

S **ab 23. September: Der Jugendklub „Allotria“**
bietet Gratis-Tanzkurs. Discofox für alle Jugendlichen ab 12! Also los! Jeden Freitag 16.00 Uhr

E **24. September: Schachturnier**
Teilnahme ab 12 Jahren, Anmeldung bei Schach-Klub „Schwarz-Weiß“ in Ebersberg

1/25 **a** **Hör zu und lies mit. Zu welchen Texten im Veranstaltungskalender passen die Dialoge 1–5? Was ist das Lösungswort?**

1. ● Du kannst doch so gut Klavier spielen.
   ▲ Ja, ich mache das vielleicht.
2. ◆ Ich kann doch gut Schach spielen.
   ● Und? Machst du mit?
   ◆ Ja, ich glaube schon.
3. ▲ Das ist etwas für Steffen.
   ● Aha?
   ▲ Er kann doch nicht tanzen.
   ● Ach so.
4. ▲ Ihr könnt doch so gut Rock 'n' Roll tanzen.
   ■ Na ja, wir können schon gut tanzen, aber am 20. September? Ich habe da keine Zeit.
5. ● Das ist doch interessant für Denis und Maren. Sie können doch so gut Skateboard fahren.
   ▲ Denis kann Skateboard fahren, Maren fährt Snowboard.

1/26 **b** **Hör die Sätze und sprich nach. In welchen Dialogen kommen sie vor?**
→ AB 3-5

Modalverb *können*

ich **kann**	wir können
du **kannst**	ihr könnt
er/sie **kann**	sie können

***können* + Infinitiv**
Ich **kann** gut **tanzen**.

sagen, was man (nicht) kann
Ich kann gut Schach spielen.
Ich kann nicht gut tanzen.

5 Spiel: Wer ist das?

Wie gut kennst du deine Mitschüler? Spielt „Wer ist das?" in der Klasse.

→ AB 3-5 allein schreiben — oder zu zweit schreiben — Zettel einsammeln und vorlesen

6 Ein Artikel für die Schülerzeitung

1. Nora ▪ Hobby Reiten ▪ zweimal die Woche ▪ kann schon sehr gut
2. Leo ▪ Hobby Gitarre spielen ▪ jeden Tag ▪ kann schon ganz toll
3. Lara und Tim ▪ Hobby Tanzen ▪ dreimal die Woche ▪ können schon super

...s Hobby ist ...
Er/Sie ... einmal/zweimal/... die Woche.
jeden Tag.
Er/Sie kann schon super/sehr gut/ganz toll ...

...s und ...s Hobby ist ...
Sie ... einmal/zweimal/... die Woche.
jeden Tag.
Sie können schon gut/sehr gut/ganz toll ...

1/27 **a** **Ergänze die Sätze. Dann hör die Texte zur Kontrolle.**
Zu schwer? Dann hör die Texte zuerst.

b **Schreib einen Artikel über eine Freundin/einen Freund mit einem interessanten Hobby. Oder schreib über Freunde oder Mitschüler, die zusammen ein Hobby haben.** → AB 6

7 Laute und Buchstaben: ach-Laut

1/28 **a** **Hör zu und sprich nach.**

1/29 **b** **Hör zu. Was ist falsch? 1, 2, 3, 4 oder 5?**

1/30 **c** **Lies laut. Hör zu. Richtig? Wiederhole.**

Macht Achim Sport? ▪ Ja, er macht Karate und auch Judo. ▪ Aber das macht er erst acht Wochen. ▪ Hier sind Sportsachen und ein Buch. ▪ Das ist mein Sprachbuch, danke. → AB 7

So sprichst du den **ach**-Laut richtig:

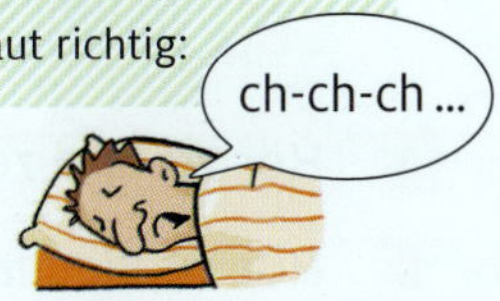

15 Was machen wir heute?

1 Verabredungen

Wir fahren an den See. Möchtest du mitkommen? (1)

Wir gehen auf den Spielplatz. Kommst du mit? (2)

Ich gehe um 3 Uhr ins Schwimmbad. Kommst du auch? (3)

Gehst du mit in die Stadt? Hast du Lust? (4)

Ich gehe in den Skatepark. Kommst du auch? (5)

T

R

P

O

S

a Lies die SMS-Nachrichten 1–5 und schau die Bilder an. Was passt zusammen? Was ist das Lösungswort?

b Lies die SMS-Nachrichten noch einmal und lies dann die Antworten 6–8. Ordne zu. 1+?

Tut mir leid. Mein Skateboard ist kaputt. (6)

An den See? Ich habe heute keine Lust. (7)

Ja gern. Aber nicht um 3. Ich komme später. (8)

→ AB 1-2

einen Vorschlag machen, annehmen oder ablehnen

- ◆ Wir gehen in den Park. Kommst du mit?/ Hast du Lust?/ Möchtest du mitkommen?
- ▲ Ja, gern./Ich komme später./Tut mir leid. Ich kann nicht./ Ich habe keine Lust.

2 Wohin geht ihr?

Wir gehen ...

	A	B	C
1	in den Park.	ins Schwimmbad.	in die Disco.
2	in den Skatepark.	ins Kino.	in die Stadt.
3	auf den Spielplatz.	ins Rockkonzert.	in die Musikschule.
4	an den See.		

Freizeitorte
Park, Skatepark, Spielplatz, Schwimmbad, Kino, Musikschule

1/31 **a** Hör zu und zeig auf den Bildern in 1 mit.

1/32 **b** Hör zu, lies mit und sprich nach.

1/33 **c** Hör zu und antworte.

→ AB 1-2

3 Lied: Ich bin ...

1 Ich bin Mark.
Ich gehe in den ???.

2 Ich bin Francisco.
Ich gehe ???.

3 Ich bin Andre.
Ich fahre ???.

4 Ich bin Ignaz.
Ich gehe ???.

5 Ich bin Sindbad.
Ich gehe gern ???.

a **Ergänze die Strophen mit den Angaben aus 2.**

b **Zu welchen Strophen gehören die Sätze a–e?**

a Ich gehe gern spazieren und habe meine Ruh'.
b Schwimmen ist mein Hobby. Ich schwimme auch sehr schnell.
c Ich fahre mit dem Schiff herum. Das macht mir wirklich Spaß.
d Ich treffe meine Freunde da. Wir spielen Basketball.
e Da gibt es super Pop-Musik. Ich tanze doch so gern.

1/09 **c** **Karaoke: Sing die Strophen zum Playback vom Lied auf Seite 10.**

→ AB 3-5

Ortsangaben mit Akkusativ
Wir gehen ...
in den Park/Skatepark.
auf den Spielplatz.
an den See.

ins Kino/Schwimmbad/Rockkonzert.

in die Stadt/Disco/Musikschule.

4 Kommst du mit?

■ Hallo, Maren.
● Hallo. Wohin geht ihr denn?
■ Ins Kino. Kommst du mit?
● Nein. Ich kann leider nicht mitkommen.
■ Schade.

1/34 **a** **Hör zu und lies mit.**

1/35 **b** **Macht weitere Dialoge. Wechselt diese Teile aus. Hört dann die Dialoge zur Kontrolle.**
Zu schwer? Dann hör die Texte zuerst.

auf den Spielplatz	Spielst du mit?	Ich kann leider nicht mitspielen
in den Skatepark	Machst du mit?	Ich möchte nicht mitmachen
ins Rockkonzert	Gehst du auch hin?	Ich möchte nicht hingehen
in die Stadt	Gehst du mit?	Ich kann leider nicht ...

→ AB 6-7

trennbare Verben
mitkommen
Ich komme nicht mit.
hingehen
Ich gehe nicht hin.

sagen, was (nicht) geht
Ich kann leider nicht mitkommen.

5 Was machst du am Samstag?

Und du bist **Dabei!**

1/36-39 **a** **Hör die Szenen 1–4. Welche Titel passen?**

a Ich bin krank!
b Tennisturnier
c Ich gehe in die Musikschule
d Mathe, Sechs!

1/36-39 **b** **Hör die Szenen noch einmal. Schau die Bilder an und lies die Sätze. Zu welchen Szenen gehören diese Sätze?**

→ AB 8-9

6 Pantomime-Spiel

Ein Schüler stellt einen Satz aus 5b dar.
→ AB 8-9 **Die anderen lesen den Satz aus 5b vor.**

über das eigene Befinden sprechen
- ▲ Wie geht's (dir)?
- ● Ich bin krank. Mein Kopf tut weh.
- ▲ Hast du Halsschmerzen?
- ● Ich habe Bauchschmerzen. Ich darf nicht aufstehen.

7 Wer kommt mit?

◆ Hallo, Tino, hier ist Steffen. Sag mal, hast du am Samstag Zeit?
■ Warum? Was ist denn los?
◆ Am Samstag ist die Schachmeisterschaft. Und ich spiele mit.
■ Aha.
◆ Kommst du?
■ Tut mir leid. Ich kann nicht. Ich bin krank. Der Arzt sagt, ich darf nicht aufstehen.
◆ Ach so! Schade.

1/40 **a** **Hör zu und lies mit.**

b **Steffen fragt auch die anderen Freunde. Macht weitere Telefongespräche.**

1. Ich kann leider nicht kommen. Ich spiele in Erding Klavier.
2. Tut mir leid. Das geht nicht. Ich spiele am Samstag Tennis.
3. Tut mir leid. Ich gehe auf den Tennisplatz. Denis spielt da Tennis.
4. Ich möchte schon. Aber ich darf nicht. Ich habe eine Sechs in Mathe.

→ AB 8-9

8 E-Mail an Tante Tanja

Von: Bobby An: Tanja Betreff: Mist!

Hallo Tante Tanja,
es ist Samstag. Und ich sitze zu Hause. Heute sind die Schachmeisterschaften. Steffen, ein Freund, spielt mit. Ich ??? (a) so gern hingehen. Aber ich darf nicht! Ich habe nämlich eine Sechs in Mathe. Und jetzt heißt es: Mathe üben, Mathe üben! Mist!
Denis ??? (b) auch nicht hingehen. Er hat heute Tennisturnier. Denis ??? (c) nämlich sehr gut Tennis spielen. Tino ??? (d) auch nicht. Er ist krank. Er hat Kopfschmerzen, Halsschmerzen, Bauchschmerzen.
Oje. Hoffentlich ??? (e) Maren und Bea mitgehen. Dann ist Steffen nicht so allein. So wie ich heute.

Viele Grüße, deine Bobby

→ AB 10-11 **Ergänze die Formen: *kann* (3 x), *können* oder *möchte*.**

9 Der Sieger

ÜBERRASCHUNGSSIEGER IM SCHACHTURNIER

Das alljährliche Turnier des Schachclubs „Schwarz-Weiß" fand am 23. September in der Sporthalle in Ebersberg statt. Mehr als dreißig Spieler nahmen teil. Das Turnier endete mit einer Überraschung. Der Sieger ist ein 14-jähriger Schüler aus München. Er heißt Steffen Lose. Wir gratulieren!

Was passiert? *Schachturnier*
Wann?
Wo?
Wie viele Spieler?
Wer ist Sieger?
Wie alt?

Mach Notizen zu den wichtigsten Informationen.
→ AB 10-11 **Die Fragen helfen dir.**

10 Wir gratulieren!

1/41 **a Hör zu. Worum geht es? Und wer spricht?**

b Schau die Bilder A–E an. Wann sagt man die Wünsche?

→ AB 12-15

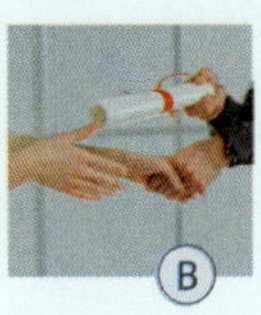

Glückwünsche aussprechen
Herzlichen Glückwunsch!
Alles Gute!
Frohe Weihnachten!
Frohe Ostern!
Gute Besserung!

Zum Schluss

1 Lesen: Witze

1. „Machst du eigentlich Sport?“
   „Natürlich! Ich spiele Basketball, Fußball und Tennis.
   Ich mache auch Judo und Karate.“
   „Wow! Das ist ja super! Und wann machst du das alles?“
   „Morgen fange ich damit an.“

2. Lisa geht mit ihrer Mutter in den Zoo.
   „Sieh mal, Mama“, ruft sie, „der Gorilla sieht aus wie Onkel Max!“
   „Psst! Sei ruhig!“, sagt die Mutter.
   „Ach Mama, lass doch“, sagt Lisa. „Der Gorilla versteht das doch nicht.“

3. Jan und Linus gehen ins Kino. Nach zehn Minuten fragt Jan:
   „Sitzt du gut?“
   „Ja“, antwortet Linus. „Kannst du auch gut sehen?“, fragt Jan.
   „Ja, sehr gut“, sagt Linus.
   Da fragt Jan: „Möchtest du meinen Platz?“

4. Ein Mann geht mit seinem Hund ins Kino. Der Hund lacht und lacht.
   Er findet den Film lustig.
   Da sagt eine Frau: „Also, der Hund ist wirklich komisch!“
   „Ja“, antwortet der Mann, „ich verstehe das auch nicht. Das Buch zum Film findet er nämlich gar nicht lustig.“

5. „Du, dein Hund jagt gerade einen Mann auf einem Fahrrad!“ –
   „Nein, das kann nicht sein. Mein Hund kann gar nicht Rad fahren.“

A

B

C

D

E

a **Lies die Witze und schau die Bilder an. Was passt zusammen?**

b **Erzähl den Witz Nummer 1 mit anderen Sportarten.**

2 Portfolio: Das bin ich

a **Schreib auf:**

deinen Namen,
dein Alter,
dein Aussehen (groß/klein, Haare, Augen ...),
deine Hobbys,
was du gut kannst,
vielleicht auch, was du nicht so gut kannst
oder nicht so gern machst.

b **Leg das Blatt in dein Portfolio.**

Ich heiße ...
Ich bin ... Jahre alt.
Ich bin ...,
meine Haare sind ...,
meine Augen sind ...
Meine Hobbys sind ...
Ich kann gut ...
Ich kann nicht so gut ...
Ich mache nicht gern ...

3 Wir sprechen miteinander: Thema „Freizeit“

a **Schreibt in jeder Gruppe vier Karten zum Thema „Freizeit“.**

Freizeit Hobby	Freizeit Ort	Freizeit Zeit	Freizeit Verabredung

b **Nehmt eine Karte, fragt und antwortet.**

Hobby

- ▼ Was sind deine Hobbys?
- ● Klavier spielen und Lesen.
- ▼ Warum spielst du Klavier?
- ● Das macht Spaß.

Ort

- ▼ Wohin gehst du?
- ● In den Zoo.
- ▼ Gehst du oft in den Zoo?
- ● Nein, nicht sehr oft.

Zeit

- ▼ Wie lange spielst du schon Klavier?
- ● Sechs Monate.
- ▼ Wie oft spielst du?
- ● Jeden Tag.

Verabredung

- ▼ Wir gehen heute ins Kino.
- ● Wann denn?
- ▼ Um halb vier.
- ● Schade. Ich habe keine Zeit.

4 Projekt: Freizeit bei uns

a **Beantwortet die Fragen.**

Was machen die Jugendlichen in deinem Land in der Freizeit? Welche Hobbys haben sie?

b **Macht gemeinsam ein Plakat zum Thema „Freizeit“. Schneidet Bilder aus und beschriftet sie auf Deutsch.**

Film Modul 5

5 Schau den Film *Was macht ihr heute Abend?* zu Modul 5 an und lös die Aufgaben auf S. 78.

Das kann ich schon

Kommunikation

über Vorlieben sprechen	Machst du gern Sport? – Ja, sehr gern. / Ich ... gern. / Nein, ich ... lieber ▪ Was machst du lieber, ... oder ...?
eine Person beschreiben	Er/Sie ist groß/klein/hübsch/sportlich/unsympathisch .../ Seine/Ihre Haare sind blond/braun/rot/schwarz. Seine/Ihre Augen sind blau/schwarz/grün/braun.
sagen, was man (nicht) kann	Ich kann sehr gut/gut/ganz toll/nicht... tanzen/Schach spielen/...
einen Vorschlag machen, annehmen oder ablehnen	Wir gehen in den Zoo. Kommst du mit?/ Hast du Lust? / Möchtest du mitkommen? – Ja, gern. / Ich komme später. / Ich kann (leider) nicht. / Ich habe keine Lust. ...
sagen, was (nicht) geht	Ich kann leider nicht mitkommen.
über das eigene Befinden sprechen	Wie geht's (dir)? – Ich bin krank. ▪ Mein Kopf/Hals/Bauch tut weh. ▪ Ich habe Kopfschmerzen/Halsschmerzen/Bauchschmerzen. ▪ Ich darf nicht aufstehen.
Glückwünsche aussprechen	Herzlichen Glückwunsch! ▪ Alles Gute! ▪ Gute Besserung! ▪ Frohe Weihnachten! ▪ Frohe Ostern!

Grammatik

1 Verb

Modalverb können			
ich	**kann**	wir	können
du	**kannst**	ihr	könnt
er/es/sie	**kann**	sie	können

können + *Infinitiv*			
Ich	**kann**	gut	**tanzen**.
	Könnt	ihr gut	**tanzen**?
Wir	**können**	nicht	**tanzen**.

Trennbare Verben

Ich möchte nicht mit|kommen. Wir können nicht hin|gehen.

Ich komme nicht mit. Wir gehen nicht hin.

2 Genitiv-*s* bei Namen

Meike hat ein Lieblingshobby: Malen.

→ Meike**s** Lieblingshobby ist Malen.

3 Possessivartikel *seine* und *ihre* (Plural)

Er ist groß.	Sie ist klein.
Seine Haare sind braun.	**Ihre** Haare sind blond.

4 Ortsangaben mit Akkusativ

	maskulin	*neutral*	*feminin*
Wir gehen ...	in den Zoo.	ins Kino.	in die Stadt.
	an den See.	ins Schwimmbad.	in die Disco.
	auf den Spielplatz.		

6

Schau die Bilder an. Worum geht es?
Sprich in deiner Sprache.

Geschichte: Julia, Jakob und Jonas

Einkaufen

Das lernst du:

- einen Wunsch sagen
- ein Kaufgespräch führen
- Hilfe erbitten

- in der Stadt
- Kleidung
- Plural

- unbestimmter Artikel und Negativartikel im Akkusativ
- Personalpronomen und Possessivartikel *mein/dein* im Akkusativ
- Possessivartikel *sein/ihr* im Nominativ und Akkusativ
- Frageartikel *welch-* und Demonstrativartikel *dies-* im Nominativ und Akkusativ
- Höflichkeitsform *Sie*

16 Ein Geburtstagsgeschenk

1 Viele Wünsche

a **Schau das Bild an. Worum geht es? Was glaubst du?**

1/42 **b** **Schau das Bild an und hör zu. Was ist richtig?**

Klara hat [a] Unterricht. [b] bald Geburtstag. [c] viele Tiere.

1/42 **c** **Was wünscht sich Klara?**
Lies die Sätze und hör noch einmal zu.

Klara möchte:
einen Hund oder eine Katze
einen Computer oder ein Tablet
ein Smartphone und eine Uhr
einen Ring und Ohrringe
ein Fahrrad und natürlich Jeans,
T-Shirts, Bücher, CDs und Comics

Und du bist **Dabei!**

unbestimmter Artikel im Akkusativ

Ich möchte	einen Hund. ein Tablet. eine Uhr. Ohrringe.

1/42 **d** **Hör noch einmal zu. Lies die Sätze.**
Was ist richtig? Was ist falsch?

1. Die Freunde heißen Julia, Jakob und Jonas.
2. Julia bekommt drei Euro Taschengeld.
3. Die Freunde kaufen ein Tablet.
4. Ein Fahrrad ist zu teuer.
5. Klara möchte ein Pferd.

→ AB 1

2 Platzwechselspiel

a **Schreibt die Wörter aus 1c immer zweimal und in Artikelfarben auf Karten.**

• Hund • Hund • Tablet • Tablet • Katze • Katze • Comics • Comics

b **So geht das Spiel: Schau im Magazin auf Seite 69 nach.**

→ AB 1

3 Kettenspiel

Macht den Satz immer länger.

- ● Ich möchte einen Hund.
- ◆ Ich möchte einen Hund und Ohrringe.
- ▼ Ich möchte einen Hund, Ohrringe und ein Tablet.
- ▲ Ich möchte einen Hund, Ohrringe, ein Tablet und ...

→ AB 2-4

einen Wunsch sagen
- ● Was möchtest du?
- ▲ Ich möchte .../ Ich wünsche mir ...

4 Und jetzt du!

Frag deinen Partner.
Dann fragt dein Partner dich.

→ AB 2-4

Wann hast du Geburtstag?

Am 5. Mai.

Was möchtest du?

Ich möchte .../ Ich wünsche mir ...

5 Klara möchte nur das Beste

- ● Klara hat ja viele Wünsche.
- ■ Ja wirklich!
- ◆ Also, ich habe noch einen Computer. Ich brauche ihn nicht mehr. Sie kann meinen Computer haben.
- ● Was? Deinen Computer? Dein Computer ist doch schon so alt!
- ◆ Ja, aber er ist noch ganz okay.
- ● Ach, Jonas, das ist ja nett. Aber du kennst doch Klara! Immer nur das Beste!

1/43 **a** **Hör zu und lies mit. Macht weitere Dialoge mit:**

einen/meinen/deinen Ring → ihn
ein/mein/dein Fahrrad → es
eine/meine/deine Uhr → sie
---/meine/deine Comics → sie

1/44 **b** **Hört die Dialoge zur Kontrolle.**

→ AB 5

6 Lücken-Übung

1/45 **a** **Du hörst jeweils zwei Sätze. Der erste Satz ist komplett. Im zweiten Satz hörst du ein „hm hm“. Sprich den zweiten Satz komplett.**

Du kannst meinen Rucksack haben. Ich brauche „hm hm“ nicht mehr.

Ich brauche ihn nicht mehr.

b **Mach „hm hm-Sätze“ für deine Partnerin/deinen Partner.**

→ AB 5

Personalpronomen und Possessivartikel *mein/dein* im Akkusativ
Ich habe ...
einen/meinen/deinen Computer → ihn
ein/mein/dein Fahrrad → es
eine/meine/deine Uhr → sie
---/meine/deine Comics → sie

7 Schülerforum

Geburtstag und Geschenke ●●●

A.	Ich möchte am Samstag meinen Freund besuchen. Er hat Geburtstag. Aber ich darf nicht. Ich habe eine Sechs in Französisch. Otto	G.	Ich habe das Jumbo-Buch noch. Du kannst gern mein Buch haben. Deine Adresse? Lisa
B.	Hilfe! Diesen Monat haben Mama, Papa und Oma Geburtstag. So viele Geschenke! Wir haben doch nur fünf Euro Taschengeld die Woche. Jana und Heiko	H.	Sprich doch noch einmal mit deinen Eltern. Vielleicht darfst du ja doch. Tino
C.	Ich habe bald Geburtstag und wünsche mir eine Katze. Aber meine Eltern möchten einen Hund. Was kann ich nur machen? Bülent	I.	Ihr könnt doch etwas basteln. Das kostet nicht so viel. Tommy
D.	Meine Schwester möchte einen Ring. Aber so ein Ring ist sicher sehr teuer. Eva	J.	Kinder spielen doch gern Ball. Das ist doch etwas, oder? Mia
E.	Mein Freund sammelt „Jumbo"-Bücher. Er braucht nur noch ein Buch, „Jumbo und ich". Ich möchte Jürgen das Buch so gern zum Geburtstag schenken. Aber ich finde es nicht. Günter	K.	Wünsch dir doch einen Hund und eine Katze! Meine Katze hat Junge. Sie sind süß. Du kannst eine Katze haben. Ich wohne in München. Hanna
F.	Ich brauche ein Geschenk für ein Kind. Es wird am Freitag drei Jahre alt. Was kann ich schenken? Ich habe keine Ahnung. Paul	L.	Meine Schwestern basteln super Ringe. Die Ringe sind wirklich sehr hübsch und kosten nicht viel. Hast du Interesse? Elsa

a **Lies die Texte. Welche Texte gehören zusammen?**

b **Lies die Texte noch einmal. Zu welchen Texten passen die Sätze 1–8?**

1. Ihr Vater, ihre Mutter und ihre Oma haben bald Geburtstag.
2. Sein Freund sammelt Jumbo-Bücher.
3. Ihre Schwester möchte einen Ring.
4. Seine Eltern möchten einen Hund.
5. Ihre Katze hat Junge.

6. Er möchte seinen Freund besuchen.
7. Sie braucht ihr Buch nicht mehr.

→ AB 6 8. Sein Geburtstag ist am Freitag.

Possessivartikel *sein* und *ihr*

im Nominativ

Da ist	sein/ihr Hund.
	sein/ihr Buch.
	seine/ihre Katze.
Da sind	seine/ihre Ringe.

im Akkusativ

Ich möchte	seinen/ihren Hund.
	sein/ihr Buch.
	seine/ihre Katze.
	seine/ihre Ringe.

8 Laute und Buchstaben: ü

1/46 **a** **Hör zu und sprich nach.**

1/47 **b** **Hör zu. Was ist falsch? 1, 2, 3, 4 oder 5?**

1/48 **c** **Hör zu, lies mit und sprich nach.**

Bülent hat fünf Bücher. Jürgen hat nur ein Buch. ▪
Uli möchte eine Wurst, Uta nimmt zwei Würstchen. ▪
→ AB 7-8 Udo hat fünf Hunde. Die Hunde sind süß und so hübsch.

So sprichst du das ü richtig:
Mach den Mund wie für ein **u** und sag i.

9 Die „sein-ihr-Maschine“

a **Mach eine „sein-ihr-Maschine“. Schau im Magazin auf Seite 70 nach.**

b **So übst du: Links stellst du die Artikelfarben des Besitzers/ der Besitzerin ein, und rechts die Artikelfarbe vom Besitz.**

(A) Das ist der Mann und seine Katze. — Besitzer: der Mann; Besitz: Katze

(B) Frau Koch mag ihren Hund. — Besitzerin: Frau Koch; Besitz: Hund

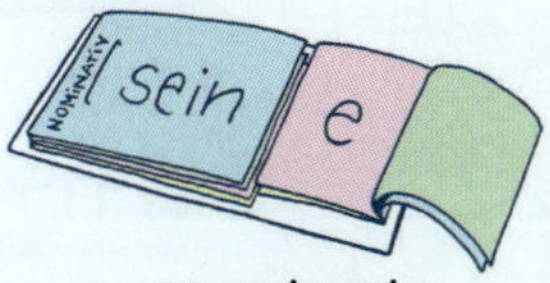

Nominativ

Akkusativ

c **Stell die Possessivartikel in den Sätzen 1–2 wie in A auf der „sein-ihr-Maschine“ ein, in den Sätzen 3–4 wie in B. Lies vor.**

1. Das ist Jonas. Und das ist ??? Fahrrad.
2. Das ist Klara. Und bald ist ??? Geburtstag.
3. Julia besucht ??? Freund.
4. Das Kind mag ??? Geschwister.

→ AB 9-10

10 E-Mail an Tante Paula

Von: Julia An: Paula Betreff: Geschenk

Liebe Tante Paula,
heute bin ich bei Jakob. Das ist mein Freund. Ich besuche meinen Freund immer am Dienstag. Jonas ist auch da. Jonas geht in meine Klasse. Wir möchten Klara ein Geburtstagsgeschenk machen. Klara geht auch in meine Klasse. Klara ist ein wenig schwierig. Immer nur das Beste! Das ist mein Problem! Mein Taschengeld ist nicht so toll. Wir möchten Klara vielleicht ein T-Shirt schenken. Was meinst du?
Liebe Grüße, Julia

„Julia ist heute bei ... Das ist ihr ...

a **Onkel Paul möchte wissen, was Julia schreibt. Das sagt Tante Paula. Schreib auf.**

b **Jonas schreibt die gleiche E-Mail an seine Tante Lisa. Schreib die E-Mail. Achte auf die Namen!**

c **Tante Lisa erzählt Onkel Bastian, was Jonas schreibt:**

Jonas ist heute bei ... Das ist sein ...

→ AB 9-10

11 Treffpunkt?

1/49 **Hör zu und schau die Bilder an. Was ist richtig, a oder b?**

(1)

a b

(2)

a b

(3)

a b

→ AB 9-10

17 Jakob und Julia

1 Wir fahren in die Stadt

a Schau den Stadtplan an und lies die Wörter. Welche kennst du schon?

1/50 **b** Hör zu und zeig auf dem Stadtplan mit.

1/50 **c** Hör noch einmal zu, zeig mit und sprich nach.

→ AB 1

in der Stadt
Marktplatz, Markt
Kaufhaus, Geschäft,
Krankenhaus
Post, Apotheke, Haltestelle

2 Und jetzt du!

Schau den Stadtplan in 1 an und schreib Sätze:

→ AB 1 *Bei uns gibt es einen/ein/eine ...*

3 Julia und Jakob warten

Und du bist **Dabei!**

1/51 **a** Hör zu und lies die Sätze 1–4. Was ist richtig? Was ist falsch?

1. Julia und Jakob warten auf Jonas.
2. Julia geht in die Apotheke.
3. Julia hat ein Paket für die Post.
4. Jakob geht auf den Markt.

1/51 **b** Wohin geht Julia? Hör noch einmal zu.
Welcher Weg ist richtig? 1, 2 oder 3?

1. Haltestelle → Apotheke → Post → Markt → Haltestelle.
2. Haltestelle → Markt → Apotheke → Post → Haltestelle.
3. Haltestelle → Post → Apotheke → Markt → Haltestelle.

c Schau den Stadtplan in 1 an und beschreib Julias Weg.

→ AB 2

Julia geht geradeaus, dann nach rechts/links. Da ist ... Sie geht weiter ...

WIEDERHOLEN
einen Weg beschreiben
Julia geht geradeaus,
dann nach rechts/links.
Da ist ...

4 Julia geht einkaufen

A

B

C

1/52-54 **a** **Hör die Szenen und schau die Bilder an.**

b **Lies die Dialoge 1–3. Zu welchen Bildern gehören sie?**

1. ■ Guten Tag. Ich habe hier ein Paket.
   ▲ Einen Moment bitte.
   ■ Was kostet das?
   ▲ Das kostet fünf Euro 20.

2. ▼ Hallo, was möchtest du denn?
   ■ Ich möchte für meine Mutter eine Medizin holen. Hier ist das Rezept vom Arzt.
   ▼ Einen Augenblick. Hier bitte. Das macht fünf Euro.

3. ■ Guten Tag. Bitte ein Kilo Äpfel.
   ■ Die da oder die?
   ■ Was kosten denn die Äpfel da?
   ■ Eins 80 das Kilo
   ■ Und die anderen?
   ■ Zwei 20.
   ■ Gut, ich nehme die da.

→ AB 3

ein Kaufgespräch führen
◆ Was möchtest du denn?
▲ Ich möchte ...
Bitte ein Kilo ...

▲ Was kosten denn ...? /
Was kostet das?
◆ Das kostet ... /
Das macht ...
eins 80 das Kilo /
fünf Euro 20.
▲ Ich nehme ...

TIPP
Du schreibst 5,20 EUR
Du sagst „fünf (Euro) zwanzig“

5 Jonas ist noch nicht da

1/55 **a** **Hör zu. Wer spricht?**

1/55 **b** **Lies die Sätze. Hör dann die Szene noch einmal. In welcher Reihenfolge kommen die Sätze vor? Was ist das Lösungswort?**

N Wir gehen allein ins Kaufhaus Mega.
R Ruf ihn doch mal an.
W Du bist aber schnell.
T Er geht nicht dran. Mailbox.
A Ist Jonas immer noch nicht da?
E Und jetzt?

6 Im Kaufhaus „Mega"

1/56 **a** **Hör zu, zeig mit und sprich nach.**

Pullover/Pulli

Schuh

Ohrring

Bluse

Uhr

Jacke

Fußball

Jeans

Mantel

Kleid

1/57 **b** **Wo gibt es das im Kaufhaus? Hör zu und ergänze.**

Zu schwer? Dann hör zuerst die ganzen Sätze.

Uhren, Ringe, Ohrringe gibt es im ...

T-Shirts, Jeans, Blusen, Mäntel, Pullover, Kleider, Jacken, Schuhe gibt es im ...

Fußbälle, Snowboards, Sportschuhe gibt es im ...

→ AB 4-5 Smartphones und CDs gibt es ...

Kleidung
Mantel,
Pullover/Pulli
Kleid
Bluse, Jacke
Schuhe

Plural

Pullover	-
Ringe	-e
Blusen	-n
Uhren	-en
T-Shirts	-s
Kleider	-er
Mäntel	¨
Fußbälle	¨e

7 An der Information

● Entschuldigung.
Ich möchte ein T-Shirt.
Wo gibt es denn T-Shirts?
▲ T-Shirts? Im ersten Stock.

■ Entschuldigung.
Ich brauche eine Bluse.
Wo gibt es denn Blusen?
▲ Blusen? Im ...

Lest die Dialoge. Macht weitere Dialoge mit den Wörtern aus 6a und 6b.

→ AB 4-5

8 Laute und Buchstaben: Plural mit ä, ö, ü, äu

1/58 **a** **Hör zu und lies mit.**

Mantel → Mäntel ▪ Ball → Bälle ▪ Rad → Räder ▪
Kopf → Köpfe ▪ Block → Blöcke ▪ Buch → Bücher ▪
Bruder → Brüder ▪ Haus → Häuser ▪ Baum → Bäume

b **Lies die Beispiele links. Nenn den Plural der Wörter rechts.**

:-	Mantel → Mäntel:	Apfel ▪ Garten ▪ Mutter
:-e	Block → Blöcke:	Wurst ▪ Bauch ▪ Gruß ▪ Kopf ▪ Stadt
:-er	Rad → Räder:	Wald ▪ Buch ▪ Haus

Zu schwer? Die Wörter helfen dir.

Äpfel ▪ Gärten ▪ Städte ▪ Wälder ▪ Köpfe ▪ Mütter ▪
Würste ▪ Grüße ▪ Bücher ▪ Bäuche ▪ Häuser

1/59 **c** **Hör die Wörter zur Kontrolle und sprich nach.**

→ AB 6

9 Das liest du im Kaufhaus

Lies die Plakate. Mach die Sätze richtig.

1. Die CDs sind teuer.
2. Die Snowboards sind langweilig.
3. Zwei Pullover kosten 25 Euro.
4. Ohrringe sind am Montag ganz billig.

→ AB 7

10 Wir suchen ein Geschenk

■ Sieh mal, der Ring da.
● Welcher Ring?
■ Na, der da.
● Dieser Ring? Für Klara?
■ Nein, für mich.
● Julia, wir suchen ein Geschenk für Klara, nicht für dich.
■ Ja, ja. Schon gut.

a **Lies den Dialog. Macht weitere Dialoge mit:**

der / welcher / dieser Pullover　die / welche / diese CD
das / welches / dieses Kleid　die / welche / diese Schuhe

1/60 **b** **Hört die Dialoge zur Kontrolle.**

→ AB 8-9

> Frageartikel *welch-* und Demonstrativartikel *dies-* im Nominativ
> Welcher Ring? – Dieser.
> Welches T-Shirt? – Dieses.
> Welche CD? – Diese.
> Welche Schuhe? – Diese.

> Personalpronomen im Akkusativ
> ich → mich
> du → dich

11 Wie findest du ...?

- ■ Wie findest du diesen Pullover?
- ● Wir suchen keinen Pullover, wir suchen ein T-Shirt.
- ■ Ja, ja. Ich weiß.

Lest den Dialog. Macht weitere Dialoge mit:

diesen / keinen Mantel — diese / keine Jacke

→ AB 10-12 dieses / kein Kleid — diese / keine Schuhe

Demonstrativ- und Negativartikel im Akkusativ

- ◆ Wie findest du ...
  diesen Pullover?
  dieses Kleid?
  diese Jacke?
  diese Schuhe?
- ▼ Wir suchen ...
  keinen Pullover.
  kein Kleid.
  keine Jacke.
  keine Schuhe.

12 Was fehlt?

→ AB 10-12 **In Bild B fehlen sieben Sachen. Vergleiche.**

In Bild B gibt es keinen/kein/keine ...

13 Klaras Geburtstagsgeschenk

1/61 **a** **Hör zu und schau die Bilder A–E an.**

1/61 **b** **Hör noch einmal zu. Ordne die Bilder.**

c **Lies die Fragen und Antworten. Was passt zusammen? Was ist das Lösungswort?**

1. Was suchen Jakob und Julia?	E Julia.
2. Wer findet das erste T-Shirt?	H Das T-Shirt.
3. Wie ist es?	N Jakob.
4. Was ist Klaras Lieblingsfarbe?	G Ein T-Shirt.
5. Was mag Jakob nicht?	E Nicht modern.
6. Wie ist das zweite T-Shirt?	S Es ist rot.
7. Wer sucht jetzt ein T-Shirt?	K Ein T-Shirt mit Hund und Katze.
8. Was findet er?	C Rot ist ihre Lieblingsfarbe.

d **Mach Sätze aus den Fragen und Antworten.**
→ AB 13 **Dann entsteht eine kleine Geschichte. Schreib in dein Heft.**

Jakob und Julia suchen ein T-Shirt. ...

1 Jonas wartet

Wo sind denn Jakob und Julia?
Hier ist doch die Bushaltestelle 45.
Und das Kaufhaus „Extra" ist doch auch hier.
Was ist nur los?
Na ja, ich warte noch ein bisschen.

Das ist ja doof!
Was mache ich denn jetzt?
Ich rufe sie mal an.
Mist! Mein Handy ist zu Hause.
Was jetzt?

Ich weiß! Ich gehe einfach allein ins Kaufhaus „Extra".
Ich finde sicher auch allein ein T-Shirt für Klara.
Das kann doch nicht so schwer sein.

a **Das denkt Jonas. Lies den Text und beantworte die Fragen 1–6.**

1. Wer wartet?
2. Welche Nummer hat der Bus?
3. Wie heißt das Kaufhaus?
4. Warum kann Jonas nicht anrufen?
5. Mit wem geht Jonas ins Kaufhaus?
6. Was möchte er dort machen?

1/49 **b** **Jonas wartet auf Jakob und Julia. Aber sie kommen nicht. Warum?**
Zu schwer? Dann hör noch einmal den Text von Lektion 16, Übung 11.

c **Kauft Jonas ein T-Shirt für Klara? Was glaubst du?**
→ AB 1 **Sprecht in der Klasse darüber.**

2 Würfelspiel

a **Schreibt die Fragen aus 1a auf Karten. Ihr könnt auch noch andere Fragen zum Text mit *Wo …? Wohin …?* aufschreiben.**

Wer wartet? | Welche Nummer hat der Bus? | Wo …?

b **So geht das Spiel: Schau im Magazin auf Seite 71 nach.**
→ AB 1

3 Und jetzt du!

1/62 **a** **Hör zu, lies mit und sprich nach.**
Gehst du gern einkaufen? ▪ Was kaufst du oft? ▪
Was kaufst du manchmal? ▪ Trägst du gern T-Shirts? ▪
Was trägst du gern? ▪ Trägst du lieber … oder …?

b **Frag deine Partnerin/deinen Partner. Verwende die Fragen aus a.**
→ AB 1

4 Im Kaufhaus „Extra"

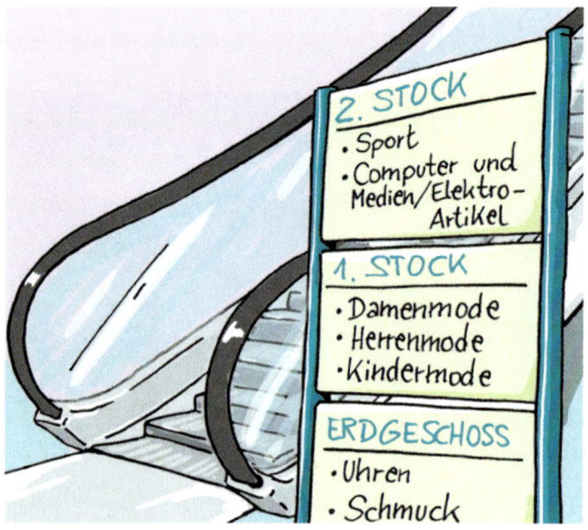

a Lies die Info-Tafel und ergänze den Dialog.

◆ Guten Tag. Entschuldigung. Wo gibt es denn T-Shirts?
▼ T-Shirts? ???

1/63 **b** Hör den Dialog zur Kontrolle.

→ AB 2

5 Jonas kauft ein T-Shirt

◆ Entschuldigen Sie bitte. Können Sie mir helfen?
▲ Ja bitte?
◆ Haben Sie Kinder?
▲ Wie bitte?
◆ Na ja, haben Sie Kinder?
▲ Ja zwei, zwei Mädchen.Warum?
◆ Super! Sie können mir sicher helfen. Ich habe nämlich eine Frage.
◆ Wie finden Sie dieses T-Shirt?
▲ Für dich?
◆ Nein, für ein Mädchen.
▲ Nimm doch eine Bluse!
◆ Nein, nein, ich brauche ein T-Shirt.
▲ Ach so! Also ich finde das T-Shirt sehr hübsch.
◆ Na gut, ich nehme es. Danke für die Hilfe. Sie sind sehr nett.

1/64 **a** Hör zu und lies mit.

b Denkt an den Artikel und macht weitere Dialoge mit diesen Teilen. Ersetzt Bluse durch:
Pulli, Kleid, Jacke.

1/65 **c** Hört die Dialoge zur Kontrolle.

→ AB 3-6

Hilfe erbitten
Entschuldigen Sie bitte.
Können Sie mir helfen?
Ich habe eine Frage.

6 Ein Interview

a Schreib zusammen mit deinem Partner Fragen an deine Deutschlehrerin/deinen Deutschlehrer auf: Alter, Familie, Wohnort/Adresse, Hobbys, Sport, ...

1/66 **b** Hört die Fragen zur Kontrolle.

c Macht das Interview.

→ AB 3-6

Sind Sie verheiratet?
... Kinder?
Wie alt ...?
Wo ...?
Welche Hobbys ...?
... Sport?

Höflichkeitsform *Sie*
= 3. *Person Plural:*
sie → **S**ie
sie sind → **S**ie sind
sie haben → **S**ie haben

7 Das ist doch …!

a Schau das Bild an. Lies den Text links. Ergänze dann den Text rechts.

1/67 **b** Hör die Texte zur Kontrolle.

→ AB 7

8 Die Freunde treffen sich

1/68 **a** Hör zu und schau die Bilder an.

1/68 **b** Hör noch einmal zu. Ordne die Bilder.

c Warum sagen alle drei am Schluss „Oooh“? Sprich in deiner Sprache.

→ AB 8-10

Zum Schluss

1 Lesen: Das Schwarze Brett

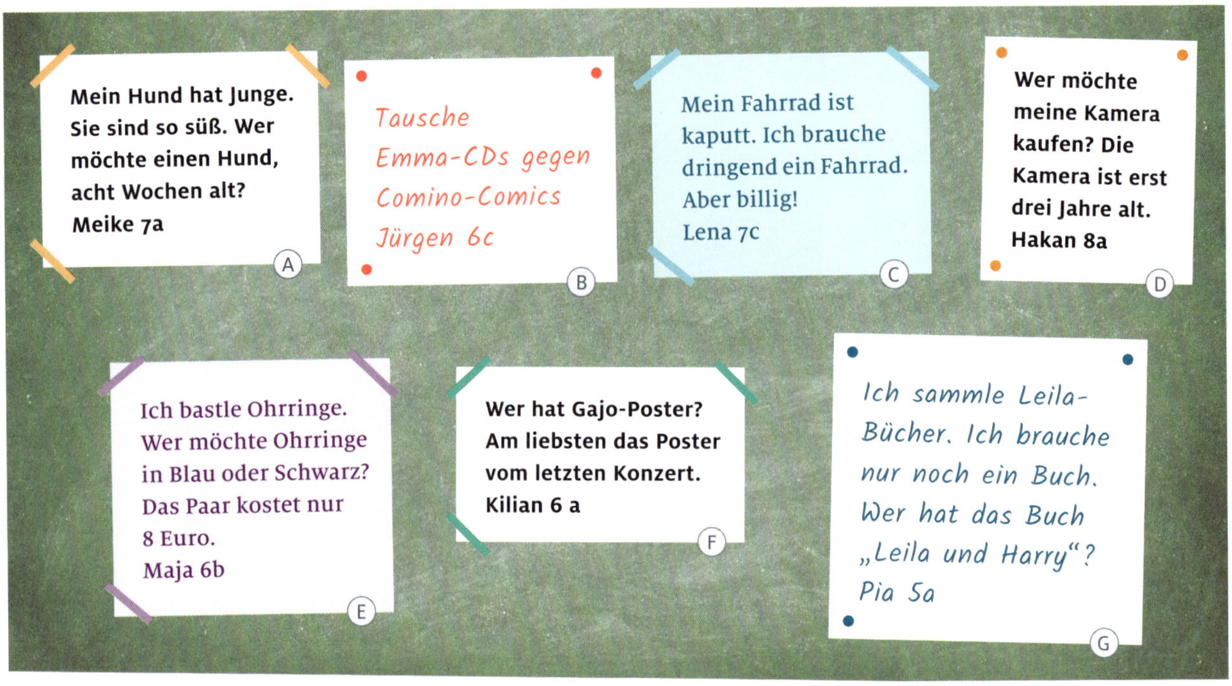

a Lies die Anzeigen und beantworte die Fragen.

1. Was bastelt Maja?
2. Was braucht Lena?
3. Wer hat einen Hund?
4. Was kostet ein Paar Ohrringe?
5. Wie alt ist Hakans Kamera?
6. Was möchte Kilian?
7. Welches Buch sucht Pia?
8. Wer tauscht Emma-CDs gegen Comino-Comics?

b Lies die Anzeigen noch einmal. Lies dann die Dialoge 1–5. Was passt zusammen?

1. ▲ Machst du auch Ringe?
   ▼ Nein, tut mir leid.

2. ■ Ich brauche eine Kamera.
   Was kostet denn deine Kamera?
   ● Na ja, sie ist fast neu.

3. ▲ Ich möchte so gern einen Hund.
   Der ist ja süß!
   ◆ Und? Möchtest du den Hund?

4. ■ Ich habe viele Leila-Bücher.
   Aber „Leila und Harry"?
   ◆ Hast du das Buch oder nicht?

5. ■ Ich habe ein Rad. Es ist schon alt.
   Aber es geht noch.
   ■ Was kostet es denn?
   ■ Nur 20 Euro.

c Sprich die Dialoge zusammen mit deiner Partnerin/deinem Partner. Macht immer noch einen Satz dazu.

2 Comino verstehen

Comino: ollaH sennaH.
Hannes: ollaH onimoC. eiW s'theg?
Comino: tuG, eknad.
ollaH, rew tmmok nned ad?
Paula: Hallo Hannes, hallo Comino.
Comino: Hallo Paula.
Paula: Du sprichst ja Deutsch!
Comino: saW tgas eis?
Hannes: uD tshcirps aj hcstueD.
Comino: ruN nie nehcssib.
Paula: Was sagt er?
Hannes: Er spricht ??? ??? ??? ???.
Paula: Na ja, macht nichts.
Comino: theS lam! nieM revolluP tsi uen.
Paula: Was sagt er?
Hannes: ??? ??? ??? ???.
Paula: Also, ich finde ihn super!
Comino: saW tgas eis?
Hannes: eiS tednif nhi repus.
Comino: eknaD. erhI ekcaJ tsi hcua nöhcs.
Hannes: Er sagt, ??? ??? ??? ??? ???.
Paula: Ach, die Jacke ist schon alt.
Mein T-Shirt ist neu.
Comino: saW tgas aluaP?
Hannes: rhI trihS-T tsi uen.
Comino: eiS tgärt reba enie ekcaJ.
Paula: Was sagt er?
Hannes: ??? ??? ??? ??? ???
Paula: Moment! Hier bitte!

a **Lies den Text. Verstehst du noch Cartoonisch?**

b **Was sagt Hannes? Ergänze.**

3 Projekt: So ist es bei uns

a **Zeichnet oder klebt einen Plan eures Wohnorts auf ein Plakat. Was gibt es bei euch? Schreibt die Wörter von b auf Kärtchen, aber nur das, was es bei euch wirklich gibt. Klebt die Kärtchen in den Plan.**

b **Sprich Sätze und zeig auf dem Plan mit.**

Ich wohne in ???

Das ist – ein Dorf. / eine Stadt.

Bei uns gibt es ...

einen	ein	eine	zwei/drei/...
Markt Park Spielplatz Supermarkt	Krankenhaus Kaufhaus Schwimmbad Schuhgeschäft	Post Schule Hauptstraße Haltestelle	Supermärkte, Kinos, Kaufhäuser, ... geschäfte Apotheken, Schulen, Haltestellen

Das kann ich schon

Kommunikation

einen Wunsch sagen	Was möchtest du? – Ich möchte …/Ich wünsche mir …
ein Kaufgespräch führen	Was möchtest du denn? – Ich möchte …/Bitte ein Kilo … ▪ Was kostet das? – Das kostet/Das macht …/Fünf Euro 20 ▪ Was kosten denn die …? – Eins achtzig das Kilo. ▪ Ich nehme …
Hilfe erbitten	Entschuldigung./Entschuldigen Sie bitte. ▪ Können Sie mir helfen? ▪ Ich habe eine Frage.

Grammatik

1 Artikel und Personalpronomen im Akkusativ

Ich möchte …	einen/keinen/ meinen/deinen Mantel	ein/kein/ mein/dein Kleid	eine/keine/ meine/deine Jacke	-/keine/ meine/deine Schuhe
	ihn	es	sie	sie

2 Personalpronomen *ich* und *du* im Akkusativ

ich → für **mich** du → für **dich**

▼ Sieh mal das T-Shirt, da.
● Für **dich**?
▼ Ja, für **mich**.

3 Frageartikel *welch-* und Demonstrativartikel *dies-* im Nominativ und Akkusativ

Nominativ	Welcher Ring?	Welches T-Shirt?	Welche Uhr?	Welche Schuhe?
	Dieser Ring.	Dieses T-Shirt.	Diese Uhr.	Diese Schuhe.
Akkusativ	Welchen Ring?	Welches T-Shirt?	Welche Uhr?	Welche Schuhe?
	Diesen Ring.	Dieses T-Shirt.	Diese Uhr.	Diese Schuhe.

4 Possessivartikel *sein* und *ihr*

Das ist … *(Nominativ)*		
sein Ball.	sein Ball.	ihr Ball.
sein Buch.	sein Buch.	ihr Buch.
seine Uhr.	seine Uhr.	ihre Uhr.
Das sind …		
seine CDs.	seine CDs.	ihre CDs.

Ich möchte … *(Akkusativ)*		
seinen Ball.	seinen Ball.	ihren Ball.
sein Buch.	sein Buch.	ihr Buch.
seine Uhr.	seine Uhr.	ihre Uhr.
seine CDs.	seine CDs.	ihre CDs.

5 Höflichkeitsform *Sie*

= *3. Person Plural, aber* sie → Sie

Herr/Frau Hofmann, wo **wohnen Sie**?
Danke, **Sie sind** nett.

7

Schau die Bilder an. Worum geht es? Sprich in deiner Sprache.

Geschichte: Familie Kern und ihre Tiere

Tiere

Das lernst du:

- eine Meinung begründen
- ein Tier beschreiben
- eine Adresse nennen
- über Vorlieben sprechen

- Tiere
- Essen und Trinken
- Wohnung und Möbel

- *sein* und *haben* im Präteritum
- bestimmter Artikel im Dativ
- Personalpronomen im Dativ
- Ortsangaben mit Dativ
- Possessivartikel *unser/euer* im Nominativ und Akkusativ

Viele Tiere

1 Welches Tier ist das?

2/02 **a** Schau die Tiere A–E an. Hör zu. Welches Tier ist das: A, B, C, D oder E?

2/03 **b** Hör zu, zeig die Tiere oben mit und sprich nach.

2/04 **c** Du hörst den Plural. Du sprichst den Singular.

→ AB 1

Tiere

Singular	Plural
Hund	→ Hunde
Papagei	→ Papageien
Meer-schweinchen	→ Meer-schweinchen
Katze	→ Katzen
Schildkröte	→ Schildkröten

2 Ein Haustier für Familie Kern

2/05 **a** Hör zu und schau das Bild in 1 an.

2/05-06 **b** Hör noch einmal zu. Dann hör die Fragen und antworte laut.

c Was für eine Idee hat Alex? Was glaubst du? Sprich in deiner Sprache.

→ AB 1

3 Und jetzt du!

a Lies die Fragen und Antworten.

- ◆ Magst du Hunde/…? ▼ Ja/Nein, ich mag … (nicht) gern.
- ◆ Magst du lieber … oder …? ▼ (Ich mag) lieber … .
- ◆ Warum (nicht)? ▼ … sind lustig ↔ langweilig.
  … sind intelligent ↔ dumm.
  … sind lieb/süß ↔ doof.
  … sind schnell ↔ langsam.
  … können (nicht) (gut) sprechen/schwimmen/laufen/fliegen.

b Frag deine Partnerin/deinen Partner.

→ AB 2-4

eine Meinung begründen

Magst du lieber … oder …?
Warum (nicht)?

… sind	lustig. langweilig. intelligent. dumm. …
… können (nicht) (gut)	sprechen. laufen. schwimmen. fliegen. …

4 Grüße aus dem Tierheim

2/07 **a** Schau das Bild an und hör zu. Worum geht es?

2/07 **b** Hör noch einmal zu. In welcher Reihenfolge stellt die Moderatorin die Tiere vor?

c Lies die Aussagen. Welches Tier möchte Alex? Und Elli?

Der ist es! Braun-schwarz und nicht so groß. Den hole ich aus dem Tierheim. Den geben wir nicht zurück.

Oh, ist das süß! Schwarz-weiß-braun mag ich doch so gern. Und das darf ich bestimmt behalten.

2/07 **d** Hör den Text noch einmal in Abschnitten und mach Notizen zu Name, Farbe, Alter, ...

e Stell deiner Partnerin/deinem Partner Fragen:

→ AB 5-6 Wie heißt der Hund in Bild A? / Wie alt ist ...? / Welche Farbe hat ...?

ein Tier beschreiben
... ist ... Wochen/Monate/Jahre alt.
... ist ... braun/schwarz-weiß/...

5 Anzeigen in der Zeitung

(A)
Katze, weiß, 8 Wo.
nur an Fam. mit Garten,
mobil: 0172-8323863

(B)
Graupapagei, 3 J.,
Papiere,
Tel. 817534

(C)
Wasserschildkröte
mit Aquarium, 35.– €
zwaag@web.de

(D)
Landschildkröte,
Papiere,
15.– €
Tel. 2435568

(E)
Wegen Allergie
2 Katzen rot-weiß,
10 Mon. abzugeben,
info@meier.de

(F)
Papagei, gelb-blau
4 J., mit Käfig,
Tel. 442412
mobil: 0162-7734016

a Lies die Anzeigen. Was bedeuten die Abkürzungen: *Wo. – Mon. – J. – Fam. – Tel.*? Lies noch einmal ohne Abkürzungen.

b Stell Fragen zu den Anzeigen.

→ AB 5-6 Welche Farbe hat die Katze von Anzeige ...? / Wie alt ...? / Was kostet ...?

6 Ein Probetier?

2/08-10 **a** Hör die Szenen 1–3 einzeln. Zu welchen Anzeigen in 5 passen sie?

b Welches Tier wohnt in der Maistraße 8? Und am Marktplatz 12?

c Wie geht die Geschichte weiter? Sprich in deiner Sprache.

→ AB 7

eine Adresse nennen
◆ Wo wohnt ... ?
▼ In der ...straße. / Am ...platz.

7 Na so was!

1. ● Hallo, Pia.
■ Hallo, Alex.
⁝ Du, hör mal!
● Erst du.
■ Also gut. Pass auf. Das war so:
Gestern war eine Anzeige in der Zeitung.
Die war wirklich interessant.
Also, ich, ran ans Telefon und ...
Tja, heute war ich in der Stadt.
Und wir haben jetzt eine Katze.
● Wie bitte?
■ Ist sie nicht süß?
● Doch, schon, aber ...
■ Das war ein Geschenk.
● Ja schon, aber zwei Tiere.
■ Zwei Tiere? Das verstehe ich nicht.

2. ● Weißt du, ich war auch weg.
■ Aha?
● Ich war im Tierheim.
■ Ja und?
● Wir haben jetzt einen Hund.
■ Wie bitte?
● Ist er nicht lieb?
■ Doch, schon, aber zwei Tiere!

3. ● Sag mal, wo ist Elli eigentlich?
■ Ich glaube, sie kommt gerade.
● Ach, da ist sie ja. Hallo, Elli.
▼ Hallo.
■ Wo warst du denn?
▼ Ich war im ???.
● Ja und?
▼ Wir ??? jetzt ein Meerschweinchen.
■ Wie ????
▼ Ist es ??? süß?
● Doch, schon. Aber was sagen Papa
und ??? dazu?
▼ Warum?
■ Wir haben jetzt ??? Tiere.
▼ Au weia!

A

B

C

2/11-12 **a** **Schau die Bilder an. Hör dann Szene 1 und 2 und lies mit.**

b **Ergänze Szene 3. Szene 2 hilft dir.**

2/13 Zu schwer? Dann hör zuerst den ganzen Text.

→ AB 8-10

Und du bist **Dabei!**

8 SMS

Ich ??? in der Stadt. Aber mein Handy ??? zu Hause. A

Hallo Pia. Wo ??? du denn? H

Warum ??? du in der Stadt? U

Du weißt doch, ich möchte so gern eine Katze. S

Da ??? eine Anzeige in der Zeitung. Die Katze ??? so süß. I

Du hast also jetzt eine Katze. Und deine Eltern? E

Sie wissen es noch nicht. R

Das weiß ich. Ja und? T

Oje. Bis bald. E

a Ergänze die SMS-Nachrichten mit *war* oder *warst*.

b Ordne die SMS-Nachrichten. Was ist das Lösungswort?

→ AB 8-10

Verb *sein* im Präteritum (Singular)

ich	war
du	warst
er/es/sie	war

9 Die Eltern kommen

R Mama kommt herein. „Hallo, Mama!“, sagen die drei. „Hallo“, sagt Mama. „Wo wart ihr denn den ganzen Nachmittag?“ „Wir? Ääh ..., wir waren , ääh ...“, stottert Alex. Elli sagt: „Also, ich war ...“ „Pssst“, sagt Alex leise. „Na, egal“, sagt Mama. „Ich habe da etwas. Ich habe ...“

1

K „Und ich habe eine Schildkröte für euch“, sagt Mama. „Hier ist sie.“ „Au weia!“, sagen Alex, Pia und Elli. „Findet ihr die Schildkröte nicht nett?“, fragt Mama. „Doch, schon. Aber fünf Tiere!“, sagt Pia.

2

E „Oje, Mama kommt“, flüstert Pia. „Was machen wir denn jetzt?“ „Los, die Tiere weg!“, sagt Alex. „Mama darf sie nicht sehen.“

3

I Da kommt Papa. „Hallo, Papa!“, ruft Alex. „Wo warst du denn?“ „Das sage ich nicht.“ Papa lächelt. „Ich habe etwas für euch.“ „Guten Tag! Karo, Karo! Guten Tag.“ „Was war das denn?“, fragt Mama. „Moment“, sagt Papa und holt einen Käfig. „Das ist Karo.“„Das ist ja ein Papagei!“, ruft Mama. „Richtig“, sagt Papa. „Die Kinder möchten doch so gern ein Haustier. Also, warum nicht einen Papagei?“

4

A „Wie bitte?“, fragt Mama. „Na ja“, sagt Pia. „Ich habe eine Katze. Hier, das ist Mimi.“ „Und ich habe einen Hund“, sagt Alex. „Rudi heißt er.“ Und Elli sagt: „Ich habe jetzt ein Meerschweinchen. Es heißt Tipsi.“ „Was?“, ruft Mama. Und Papa meint: „Ich glaube, wir haben jetzt einen Zoo.“

5

a Schau die Bilder an. Sie sind in der richtigen Reihenfolge. Ordne dann die Textteile. Lösungswort: So heißt die Schildkröte.

b Schreibt in Gruppen ein Drehbuch.

Pia: Oje, Mama kommt. Was ...
Alex: Los, die Tiere ...

2/14 **c** Hört die Szene zur Kontrolle.

d Spielt die Szene. Ihr könnt auch einen Film machen.

→ AB 8-10

Verb *sein* im Präteritum (Plural)

wir	waren
ihr	wart
sie/Sie	waren

20 Fünf Tiere auf Probe

1 Beim Frühstück

2/15 **a** **Hör zu, zeig die Wörter auf dem Bild mit und sprich nach.**

b **Schau das Bild an. Was isst und trinkt die Familie zum Frühstück?**
→ AB 1-3 **Was isst die Familie nicht zum Frühstück?**

Essen und Trinken
Kuchen, Kakao
Ei, Eis, Fleisch, Gemüse
Marmelade, Schokolade, Suppe

TIPP
Lern immer nur fünf bis sieben Wörter auf einmal. Aber wiederhole regelmäßig.

2 Das schmeckt gut!

◆ Kinder, frühstücken! Frühstück ist fertig!
● Frühstück! Guten Appetit! Guten Appetit!
■ Sag mal, Elli. Was frisst denn das Meerschweinchen da?
▼ Marmelade. Tipsi hat Hunger.
■ Marmelade? Das geht doch nicht.
▼ Warum denn nicht? Marmelade schmeckt doch gut.
■ Marmelade schmeckt dir. Aber Marmelade schmeckt doch dem Meerschweinchen nicht.
▼ Tipsi schon.
◆ Nein, Marmelade ist nicht gut für ein Tier. Meerschweinchen mögen Gemüse.

Bestimmter Artikel im Dativ
Das schmeckt ...
dem Hund.
dem Meerschweinchen.
der Katze.

a **Lies den Dialog. Macht weitere Dialoge mit:**

der Hund	Schokolade	Rudi	dem Hund	Hunde mögen Fleisch
die Katze	Eis	Mimi	der Katze	Katzen mögen Fisch

2/16 **b** **Hört die Dialoge zur Kontrolle. Macht auch einen Dialog mit:**
→ AB 4-5 trinken → Limonade/Kakao/Cola → Durst → Wasser

3 Und jetzt du!

2/17 **a** **Hör die Fragen und lies mit.**

Was isst du gern? ▪ Isst du gern ... ? ▪
Schmeckt dir ... ? ▪ Wie schmecken dir ... ? ▪
Was schmeckt dir gut? ▪ Was schmeckt dir besser, ... oder ... ?

b **Schreib Fragen für deine Partnerin/deinen Partner. Tauscht die Fragen aus und schreibt Antworten dazu.**

Ich esse gern ...
... schmeckt/schmecken mir gut/nicht.
Bei uns gibt es ... zum Frühstück/zum Mittagessen/zum Abendessen.

→ AB 6

Über Vorlieben sprechen
- ▪ Was isst du gern?
- • Ich esse gern ...
- ▪ Schmeckt dir ... ? Was schmeckt dir besser? ... oder ... ?
- • ... schmeckt mir besser.

Personalpronomen im Dativ

ich → **mir**
du → **dir**
wir → **uns**
ihr → **euch**

4 Aus der Jugendzeitschrift Bravissimo

Mein Haustier

Hast du ein Haustier? Super.
Oder möchtest du ein Tier? Gute Idee.
Aber das musst du wissen:

Ein Tier braucht viel Liebe, klar! Aber auch das richtige Fressen.
Nicht alles, was dir schmeckt, ist gut für dein Tier.
Ein Beispiel: Schokolade schmeckt vielen Leuten.
Schokolade schmeckt vielleicht auch deinem Hund.
Aber bitte! Schokolade ist kein Fressen für einen Hund.
Süßigkeiten sind nichts für Tiere.
Oder: Marmelade schmeckt einer Schildkröte bestimmt.
Aber eine Schildkröte darf keine Marmelade fressen.
Die ist viel zu süß.
Also Vorsicht!

HAUSTIER · 45

Lies die Sätze. Lies dann den Text. Wie steht es im Text? Finde die Zeile.

a Ein Tier braucht das richtige Fressen.
b Sehr viele Leute mögen Schokolade.
c Ein Hund darf keine Schokolade fressen.
d Süße Sachen sind nichts für Tiere.
e Eine Schildkröte mag Marmelade sicher gern.
f Marmelade ist nichts für Schildkröten.

→ AB 6

5 Familie Kerns Wohnung

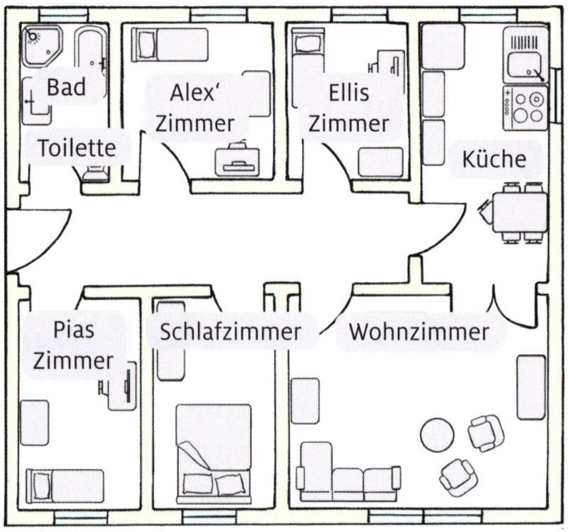

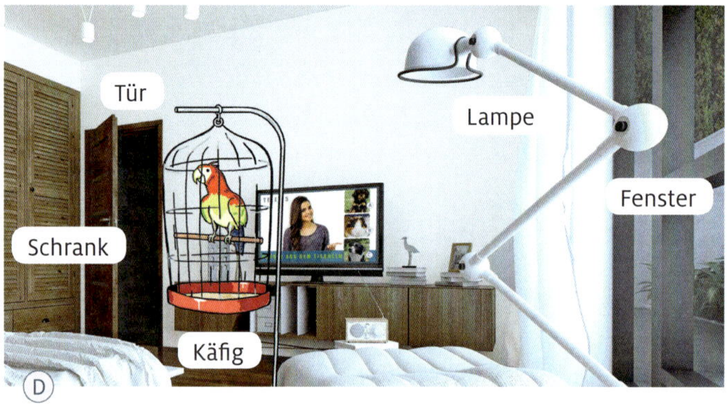

a **Schau die Bilder an. Lies dann die Dialoge. Was passt zusammen?**

1. ● Elli, wo ist denn Tipsi?
   ▼ Hier, in der Küche. Sieh mal, es wartet schon am Kühlschrank. Es hat Hunger.
2. ■ Wo ist eigentlich Erika?
   ● Ach da, im Bad.
   ■ Erika, was machst du denn im Bad? Du bist doch keine Wasserschildkröte.
3. ● Mimi ist in Pias Zimmer.
   ▼ Mimi ist ja im Bett! Pia, die Katze darf doch nicht im Bett sein.
   ■ Ich weiß. Mimi, raus hier.
4. ■ Und wo ist dein Hund?
   ● In der Küche.
   ■ Auf dem Stuhl und auf dem Tisch!
   ● Oje, Papas Zeitung. Rudi, weg da!

2/18 **b** **Hör die Szenen und lies mit.**

2/19 **c** **Hör zu, zeig mit und sprich nach.**

→ AB 7-12

Wohnung
Wohnzimmer, Schlafzimmer, Zimmer, Bad, Fenster
Küche, Toilette, Tür

Möbel
Tisch, Stuhl, Schrank, Kühlschrank
Bett
Lampe

Ortsangaben mit Dativ
Wo ist …?
im/im/in der
auf dem/dem/der
am/am/an der

6 Wo ist Karo?

2/20 **a** **Hör zu. Wo ist der Papagei? Zeig auf dem Bild D in 5 mit.**

2/20 **b** **Hör noch einmal zu und ordne die Satzteile.**

Erst ist der Papagei …, dann …

im Käfig ▪ auf dem Schrank ▪ am Fenster ▪ auf der Tür ▪ auf der Lampe

→ AB 7-12

TIPP
Kleb Wortkarten auf Deutsch an die Möbel. Das hilft dir beim Lernen.

1 Tiere machen Arbeit

1. ■ Alex, ??? (1) mit dem Hund draußen?
   ● Nein, tut mir leid, ich hatte noch ??? (2)
   ■ Wie bitte?
   ● Wir hatten doch heute Nachmittag ??? (3).
   ■ Ja richtig. Ihr hattet ja ??? (4) Sport.
   ● Ich gehe aber jetzt sofort los.
   ■ In Ordnung.
2. ◆ Kinder, ihr wisst, ??? (5) Arbeit. Hatten die Schildkröte und der Papagei ??? (6)
   ■ Klar. Und Mimi hatte schon ??? (7).
3. ▼ Das Meerschweinchen hatte ??? (8) auch schon. Es hatte nämlich ??? (9).
4. ■ Und was ist ??? (10)? Ist der Käfig sauber?
   ▼ Na ja, ich hatte keine Lust.
   ◆ Was? Du hattest ??? (11) Elli, so geht das nicht.
   ▼ Ich weiß. Ich mach den Käfig sofort sauber.
   ◆■ Also gut.

2/21-24 **a** **Hör zu, lies mit und ordne dann die Bilder.**

2/21-24 **b** **Hör noch einmal zu und lies mit. Ergänze die Lücken 1–11. Was ist das Lösungswort?**

Zu schwer? Dann hör zuerst noch einmal jede Szene.

L Tiere machen | H Sport | I heute | C keine Zeit
S warst du schon | K ihre Milch | E keine Lust? | R sein Fressen
→ AB 1-4 T mit dem Käfig | Ö Hunger | D schon ihr Fressen?

Verb *haben* im Präteritum	
ich	hatte
du	hattest
er/es/sie	hatte
wir	hatten
ihr	hattet
sie/Sie	hatten

2 Pias Tagebuch

Heute ??? wir Probleme mit den Tieren, eigentlich Probleme mit Mama und Papa. Das ??? so: Alex ??? noch nicht mit dem Hund draußen, er ??? nämlich am Nachmittag Sport. Tipsis Käfig ??? noch nicht sauber. Elli ??? keine Lust. Die Eltern ??? sauer. Das verstehe ich nicht ganz. Die Tiere ??? schon ihr Fressen. Und auch sonst ??? alles in Ordnung.

Na ja, gestern ??? es nicht so toll. Aber Papa und Mama ??? keine Ahnung. Sie ??? nämlich nicht zu Hause. Meine Katze ??? im Bett. Das darf sie natürlich nicht. Der Hund ??? Papas Zeitung. Und der Papagei ??? nicht im Käfig, aber das Fenster ??? offen. Ich ??? vielleicht Angst! Aber Alex ??? einen Apfel dabei. Und Karo ??? Lust auf den Apfel. Das ??? Glück! Und auf einmal ??? die Eltern da. Au weia!

Lies den Text und ergänze:

→ AB 1-4 ??? = Präteritum von *haben* ??? = Präteritum von *sein*

3 Unser Hund

- ◆ Alexander, hör bitte zu!
- ■ Du darfst Rudi behalten.
- ◆ Rudi ist also nicht mehr dein Hund. Von jetzt an ist er unser Hund.
- ● Wirklich?
- ▼ Du, Alex, dein Hund ...
- ◆ Nicht dein Hund, unser Hund!
- ▼ Also gut. Unser Hund frisst gerade die Würstchen.
- ■ Was? Unsere Würstchen?

Lies den Dialog. Macht weitere Dialoge. Denkt an die anderen Namen.

dein/unser Meerschweinchen → es frisst ... den/unseren Salat
deine/unsere Katze → sie frisst ... die/unsere Wurst
→ AB 5-6 dein/unser Papagei → er macht ... das/unser Telefon kaputt

Possessivartikel *unser/unsere*

wir ↔ unser Hund
unser Meerschweinchen
unsere Katze
unsere Tiere

4 Telefongespräch mit Tante Lina

- ◆ Lina Klausen.
- ● Hallo, Tante Lina. Hier ist Alex.
- ◆ Hallo, Alex. Na, was macht dein Hund?
- ● Mein Hund? Du meinst wohl unser Hund.
- ◆ Wie? Euer Hund?
- ● Na ja, Papas Hund, Mamas Hund, ...
- ◆ Darfst du denn euren Hund behalten?
- ● Das war doch klar. Alle mögen ihn.
- ◆ Das ist ja super!

Lies den Dialog. Macht weitere Telefongespräche mit den anderen Personen und Tieren. → AB 5-6

Possessivartikel *euer/eure*

ihr ↔ euer Hund
euer Meerschweinchen
eure Katze
eure Tiere

Possessivartikel *unser/euer* im Nominativ

Das ist unser/euer Hund.
unser/euer Meerschweinchen.
unsere/eure Katze.

Das sind unsere/eure Tiere.

im Akkusativ

Alle mögen unseren/euren Hund.
unser/euer Meerschweinchen.
unsere/eure Katze.
unsere/eure Tiere.

5 Laute und Buchstaben: eu

2/25 **a** **Hör zu und lies mit.**

Sind das eure Freunde? ▪ Ja, wir haben neun Freunde. ▪
Die Leute sind heute sehr freundlich.

2/26 **b** **Lies laut. Dann hör zu. Richtig? Wiederhole.**

Meine Freundin hat neun Euro Taschengeld. ▪
→ AB 7 Wo wohnt euer Freund? ▪ In Neustadt, Reuterstraße neunzig.

So sprichst du das eu richtig:
Du schreibst **eu**.
Du sprichst **[oi]**.

6 E-Mail von Tante Lina

Von: Lina   An: Alex, Pia, Elli   Betreff: Eure Tiere

Hallo Alex, Pia und Elli,
was machen ??? Tiere? Haben sie schon Namen? Wie heißt denn ??? Katze?
Und ??? Schildkröte? Wie alt ist ??? Hund? Und die anderen Tiere? Wie sieht ???
Meerschweinchen aus? Ist ??? Papagei hübsch? Er kann doch sprechen, oder?
Was sagt er denn alles? Ich möchte ??? Papagei so gern einmal sprechen hören.
Das ist sicher lustig. Ich komme bald. Aber ??? Hund können wir dann nicht
mitbringen. Ihr kennt ja ??? Lumpi! Der ist so komisch. ??? Lumpi mag keine
anderen Tiere, nur ??? Katze. Oje, und dann fünf andere Tiere!
Nein, das geht nicht!

Liebe Grüße, auch von Onkel Max
??? Tante Lina

a **Schreib Tante Linas E-Mail richtig. Ergänze die richtige Form:**
??? = unser-   ??? = euer-

b **Schreib eine Antwort an Tante Lina. Die Infos kannst du selbst erfinden.**

→ AB 8

7 Lied: Unser Hund

1 Unser Hund ist superintelligent!
Was der alles kann, was der alles kennt!
Zum Beispiel: Heute ist die Familie dran.
Seht mal, was er alles kann.
Wir gehen zu Opa, Oma, Onkel Paul und ...
Zu Tante Eva geht unser Hund.

2 Unser Hund ist ...
Dann ist Freunde treffen dran.
Wir sagen „Hallo", „Guten Tag",
„Na, wie geht's denn?" und ...
„Auf Wiedersehen", sagt unser Hund.

3 Dann sind unsere Hausaufgaben dran.
Wir machen Englisch, ..., ... und ...
... macht unser Hund.

4 Heute sind unsere Hobbys dran.
Wir spielen/machen ..., ... , ... und ...

5 Heute ist Einkaufen dran.
Wir kaufen ...

2/27 **a** **Hör zu und lies mit.**

b **Ergänze die Strophen 3, 4 und 5.**

2/28 **c** **Karaoke: Sing die Strophen zum Playback.**

→ AB 9-11

1 Lesen: Traumberuf „Filmhunde-Trainer"

1 Robert Janovic ist ein bekannter Filmhunde-Trainer, nicht nur in Deutschland. Auch bei internationalen Filmprojekten haben er und seine Hunde viel „Arbeit".

2 „Schon als Kind wollte ich immer etwas mit Tieren machen", sagt Robert in einem Interview. „Hunde waren mir am liebsten. So bin ich Hundetrainer geworden. Meine Arbeit macht mir sehr viel Spaß. Aber der Beruf ist nicht so einfach. Wenn ich an einem Filmprojekt arbeite, habe ich wenig Freizeit. Ich habe auch fast keine Ferien. Sogar an Weihnachten muss ich manchmal arbeiten. Und doch ist meine Arbeit für mich der schönste Beruf der Welt."

3 Zurzeit sind beim Film Kinder und Hunde groß in Mode. In der TV-Serie „Unsere Hunde und wir" spielen vier Kinder mit, die Geschwister Jonas und Lotte und ihre Freunde Paula und Ben. Und Roberts Hunde sind die Stars. Die Filmhunde Toni und Hella spielen in allen Folgen mit und erleben viele Abenteuer mit den Kindern. Hella spielt im Fernsehen „Romy", die intelligente Hündin von Ben. „Alex" ist der Familienhund von Jonas und Lotte. Er wird von Hund Toni gespielt. Beide Hunde arbeiten sehr gut zusammen.

4 Die Arbeit mit einem Tier vor der Kamera ist nicht einfach. Aber zwei Hunde wie bei „Unsere Hunde und wir" machen die Filmarbeit noch schwerer. Dazu kommen die Kinder. Der Trainer muss sich sicher sein, dass seine Hunde immer freundlich mit den Kindern umgehen.

a **Lies den Text und ordne die Titel den Textabschnitten 1–4 zu.**

- A Zwei Hunde im Film sind nicht einfach
- B Ein schöner Beruf
- C Der Filmhunde-Trainer
- D Hella und Toni, die Filmhunde

b **Lies den Text noch einmal. Was ist richtig? Was ist falsch?**

1. Robert Janovic ist Tiertrainer.
2. Ein Filmhunde-Trainer hat viel Freizeit.
3. Toni heißt in der Serie Jonas.
4. Hella ist der Hund für die ganze Familie.
5. Mit zwei Hunden zu filmen, das ist schwer.
6. Die Filmhunde müssen nett zu den Kindern sein.

2 Projekt: Tier-Comics

a **Mach zusammen mit deiner Partnerin/deinem Partner ein Tier-Comic. Das können die Tiere sagen:**

Ich bin sehr lustig. ▪ Ich kann schnell laufen. ▪
Ich gehe schwimmen. Kommst du mit? ▪
Salat schmeckt mir gut. ▪ Magst du Eis? ▪
Mein Lieblingshobby ist Basketball spielen. ▪

Darf ich mitspielen? ▪ So ein Quatsch! ▪
Das glaube ich nicht. ▪ Na gut. ▪ Ich weiß (nicht). ▪
Wirklich? ▪ Tut mir leid. ▪ Gute Idee. ▪
Moment. ▪ Sehr gern. ▪ Mal sehen.

b **Klebt die Tier-Comics auf ein Plakat.**

3 Wir sprechen miteinander: Thema „Essen und Trinken“

Schreibt etwas zu essen oder zu trinken immer zweimal auf Karten und macht ein ? oder ein ! dazu.

Essen und Trinken Gemüse ?	Essen und Trinken Gemüse !
Bei dieser Karte musst du eine Frage stellen. Ein anderer antwortet.	Bei dieser Karte musst du eine Anweisung geben. Ein anderer tut das oder antwortet.

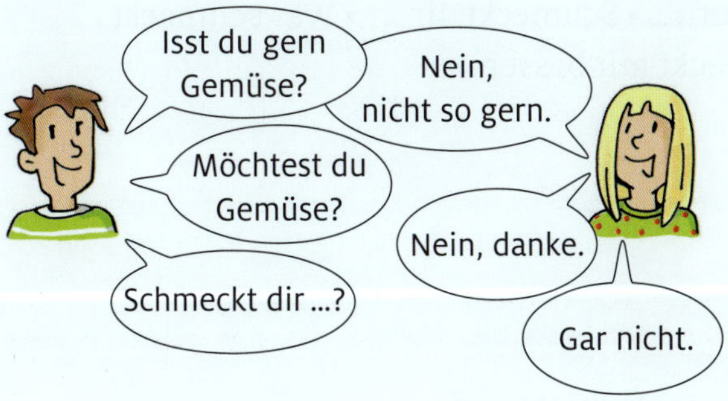

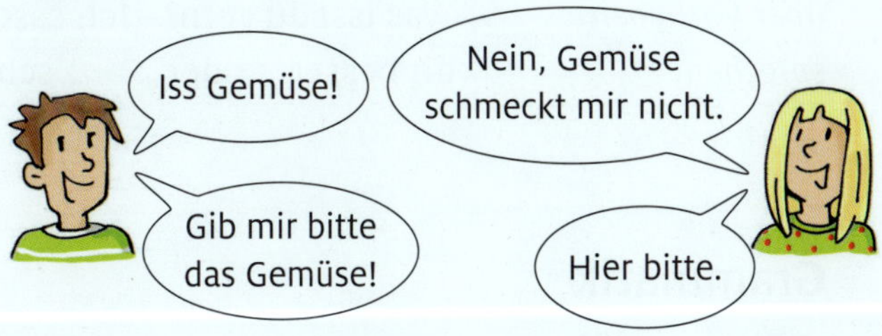

4 Statistik: Haustiere

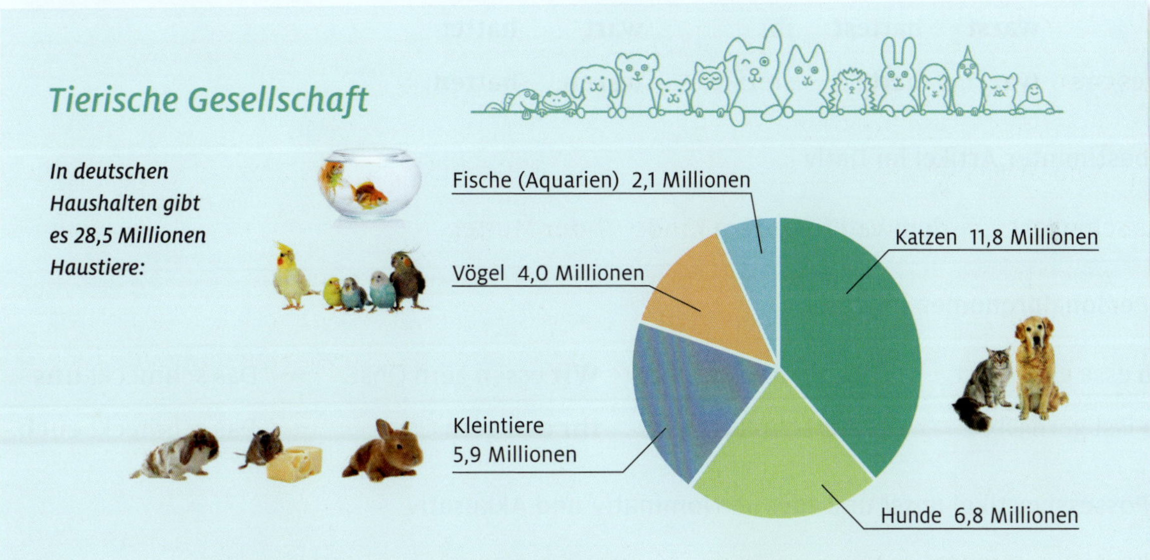

a Schau die Statistik an. Wie viele Haustiere gibt es in Deutschland? Wie viele Katzen/Hunde/Kleintiere/ Vögel/Fische? Sprecht in der Klasse darüber:

b Was für Haustiere gibt es bei euch? Macht eine Umfrage in der Klasse und in der Schule.

TIPP
Du liest 28,5 Millionen.
Du sprichst: achtundzwanzig Komma fünf Millionen.

Film Modul 7

5 Schau den Film *Bach war dick* zu Modul 7 an und lös die Aufgaben auf Seite 79.

Das kann ich schon

Kommunikation

eine Meinung begründen	Magst du …? – Ja/Nein, ich mag … (nicht) gern. Magst du lieber … oder …? – Ich mag (lieber) … Warum (nicht)? – … ist/sind lustig/intelligent/lieb/süß/langweilig/dumm/…
ein Tier beschreiben	Er/Es/Sie ist … Wochen/Monate/Jahre alt. ▪ Er/Es/Sie ist braun-schwarz/… ▪ Er/Es/Sie kann (nicht) (gut) sprechen/schwimmen/laufen/fliegen …
eine Adresse nennen	Wo wohnt …? – … wohnt in der Maistraße 8./am Marktplatz 12.
über Vorlieben sprechen	Was isst du gern? – Ich esse gern … ▪ Schmeckt dir … ? ▪ Was schmeckt dir besser, … oder …? – … schmeckt mir besser.

Grammatik

1 Verb

sein *und* haben *im Präteritum*

	sein	*haben*		*sein*	*haben*
ich	**war**	**hatte**	wir	**waren**	**hatten**
du	**warst**	**hattest**	ihr	**wart**	**hattet**
er/es/sie	**war**	**hatte**	sie/Sie	**waren**	**hatten**

2 bestimmter Artikel im Dativ

Das schmeckt …	**dem** Vater.	**dem** Kind.	**der** Mutter.

3 Personalpronomen im Dativ

Ich esse gern Obst.	→	Das schmeckt **mir**.	**Wir** essen gern Obst.	→	Das schmeckt **uns**.
Du isst gern Obst.	→	Das schmeckt **dir**.	**Ihr** esst gern Obst.	→	Das schmeckt **euch**.

4 Possessivartikel *unser* und *euer* im Nominativ und Akkusativ

Nominativ					
Das ist …	unser/euer Hund.	unser/euer Pferd.	unsere/eure Katze.	Das sind …	unsere/eure Tiere.
Akkusativ					
Ich mag …	unseren/euren Hund.	unser/euer Pferd.	unsere/eure Katze.		unsere/eure Tiere.

5 Ortsangaben mit Dativ

Wo ist …?	im/am/auf dem Schrank	im/am/auf dem Bett	in der/an der/auf der Lampe

8

Schau die Bilder an. Worum geht es? Sprich in deiner Sprache.

Ferien und Reisen

Das lernst du:

- Ortsangaben erfragen und machen
- Vorlieben ausdrücken
- einen Wunsch sagen
- um Verständnishilfe bitten

- rund um den Bahnhof
- Wetter
- Länder und Nationalitäten
- Tageszeiten

- Präposition *mit* + Dativ
- unpersönliches Pronomen *man*
- Verb an zweiter Stelle
- Präposition *ohne* + Akkusativ
- Modalverben *wollen* und *müssen*
- Ortsangaben mit *zu* + Dativ
- Perfekt mit *haben* und *sein*

Geschichte: Lilly und Robin machen Ferien

22 Bald sind Ferien

1 Was machst du in den Ferien?

1	2	3	4	5	6	7
mit dem Bus	mit dem Zug	mit dem Auto	mit dem Schiff	mit dem Flugzeug	mit dem Fahrrad	mit der Seilbahn

a **Schau die Bilder und die Verkehrsmittel an. Wer fährt/fliegt womit? Sprecht in der Klasse darüber.**

Ich glaube, … fährt/fliegt mit …

Ich glaube, … geht zu Fuß.

Und du bist **Dabei!**

b **Lies die Texte. Zu welchen Schülern in 1 passen sie?**

1. Wir fahren nach Italien, auf die Insel Elba. Da machen wir Camping-Ferien. Wir fahren ziemlich lang, erst mit ??? und dann ???. Aber egal. Das wird bestimmt toll!
2. Wir fahren in die Türkei, zu Opa und Oma. Das ist weit, aber wir fahren doch mit ???. Wir nehmen nämlich immer viele Sachen für die Großeltern mit. Und außerdem ist das Flugzeug zu teuer.
3. Wir fahren nicht so weit weg, nur an den Bodensee, nach Konstanz. Wir fahren mit ???. Da kann man das Fahrrad mitnehmen. Wir fahren dann mit ??? weiter in die Schweiz,und wieder zurück, alles mit ???. Super!
4. Wir machen Ferien in Österreich. Wir fahren mit ??? nach Seefeld in Tirol. Der Bus ist billig. Dann fahren wir mit ??? hinauf auf die Berge. Und dann wandern wir. Wir machen alles zu ???.
5. Wir machen Ferien in Italien, Insel Elba. Natürlich fliegen wir mit ???. In zwei Stunden sind wir da.

Präposition *mit* + Dativ

mit | dem Bus/Zug
dem Auto/Schiff/Flugzeug/Fahrrad
der Seilbahn

2/29 **c** **Lies die Texte noch einmal und ergänze die Verkehrsmittel.**
→ AB 1 **Richtig? Hör die Texte zur Kontrolle.**

2 Schülerforum

Ferienpläne	
1.	Wir fahren im Juli in die Schweiz. Man kann da so schön wandern. Tim
2.	Wir fahren nach Spanien, an die Costa Brava. Wir machen Camping. Eva
3.	Ich darf im August in ein Jugendcamp nach Österreich. Man lernt da sicher viele Leute aus anderen Ländern kennen. Das wird super. Linus
4.	Ich war auch schon mal in Spanien. Das war toll. Man kann da so gut schwimmen und surfen. Und das gefällt mir. Anna
5.	Wie ist es denn in dem Camp? Kann man da auch Sport machen? Niko
6.	Findest du Wandern lustig? Kann man denn da nicht mit der Seilbahn fahren? Lea

a **Lies die Texte. Welche Texte gehören zusammen?**

b **Frag deine Partnerin/deinen Partner.**

▼ Wohin fährt/fliegt ...?

▼ Warum fährt/fliegt Tim/Eva/... nach/in die ...?

→ AB 2-3 ■ Man kann da .../Man lernt da ... /...

unpersönliches Pronomen *man*
= *3. Person Singular:*
Er/Sie kann surfen. →
Man kann surfen.

Ortsangaben erfragen und machen
Wohin fährt/fliegt...?

Nach	New York./... Spanien. Österreich./...
In	die Schweiz. die Türkei./...

3 Und jetzt du!

◆ Wohin möchtest du fahren?
● Ich möchte in die Türkei fahren.
◆ Und warum möchtest du in die Türkei fahren?
● Man kann da so schön schwimmen. Das gefällt mir. Das mache ich gern. Das macht mir so viel Spaß.

2/30 **a** **Hör zu und lies mit.**

b **Stell deinem Partner Fragen. Dein Partner antwortet.**

Wohin möchtest du fahren/fliegen?
Ich möchte nach/in die ... fahren/fliegen.
Und warum möchtest du ...?
Man kann da (gut) surfen/... Das gefällt mir/macht mir Spaß./ Das mache ich gern.

→ AB 4-5

Vorlieben ausdrücken
Das gefällt mir.
Das macht mir Spaß.
Das mache ich gern.

4 Robin und Lilly

2/31 **a** **Hör zu. Wo macht Robin Ferien?**

2/32 **b** **Hör die Fragen und antworte für Lilly oder Robin.**
→ AB 6

(A)

(B)

Wir fahren ab

1 Bei Robin zu Hause

2/33 **a** **Hör zu und ordne die Bilder. Was ist das Lösungswort?**

2/33 **b** **Hör noch einmal zu. Lies die Sätze. Was ist richtig? Was ist falsch?**

1. Lillys Familie macht Camping auf Elba.
2. Robin und seine Eltern wohnen im Hotel.
3. In den Ferien möchte Robins Mutter kochen.
4. Im Hotel kann man sehr gut essen.
5. Da gibt es kein Schwimmbad.

→ AB 1-2

Verb an zweiter Stelle
Man kann im Hotel gut essen.
Im Hotel kann man gut essen.

Es gibt da kein ...
Da gibt es kein ...

2 Satzbau-Spiel

a **Schreib diese zwei Sätze auf Wortkarten:**

Satz 1: Es gibt da kein Schwimmbad.

Satz 2: Da gibt es kein Schwimmbad.

Es	gibt	da	kein Schwimmbad.
Da	gibt	es	kein Schwimmbad.

b **So geht das Spiel. Schau im Magazin auf Seite 72 nach.**

→ AB 1-2

3 Was kommt mit?

- ● Los jetzt! Zum Bahnhof!
- ■ Zum Bahnhof? Wir fliegen doch.
- ▼ Ja, aber der Flughafen ist in Stuttgart. Also fahren wir mit dem Zug nach Stuttgart.
- ■ Halt!
- ▼ Was ist denn jetzt schon wieder?
- ■ Ich habe das Skateboard vergessen.
- ● Dein Skateboard? – Du kannst doch im Flugzeug dein Skateboard nicht mitnehmen.
- ■ Ohne mein Skateboard fahre ich nicht mit.
- ▼ Hör mal! Du brauchst doch auf Elba kein Skateboard. Da kann man doch andere Sachen machen.

2/34 **a** **Hör zu, lies mit und zeig auf dem Bild mit.**

b **Macht auch Dialoge mit Fußball, Playstation, CDs.**

2/35 **c** **Hört die Dialoge zur Kontrolle.**

→ AB 3-4

Präposition *ohne* + Akkusativ

ohne	den Fußball
	mein Skateboard
	die Playstation
	meine CDs

4 Auf dem Bahnhof

a **Schau das Bild an. Lies die Dialoge in b. Findest du die gleichen Wörter?**

b **Lies die Dialoge noch einmal und ordne sie. Was ist das Lösungswort?**

F
- ● Jetzt sind wir am Bahnhof.
- ■ Hier ist der Automat. Da gibt es Fahrkarten.
- ▼ Wir haben doch unsere Fahrkarten schon.

R
- ● Los, wir gehen zum Bahnsteig.
- ▼ Haben wir alles?
- ● Ja, aber so viel Gepäck.
- ▼ Hör mal!

N
- ● Endlich im Zug! Hier, die Plätze sind nicht besetzt.
- ■ Wann fahren wir denn ab?
- ● Gleich.

E
- ● Ach ja. Wo fährt denn der Zug ab?
- ■ Ich sehe mal auf dem Fahrplan nach. Hier. – Auf Gleis 5.

I
- ◆ Achtung! Auf Gleis 5 fährt ein der ICE 594 aus München zur Weiterfahrt nach Stuttgart.

E
- ■ Können wir schon einsteigen?
- ▼ Nein, lass erst die Leute aussteigen.

2/36 **c** **Hör die Dialoge zur Kontrolle und lies mit.**

→ AB 5

rund um den Bahnhof
Bahnhof
Fahrplan
Automat
Bahnsteig
Gleis
Gepäck

5 Bei Lilly zu Hause

2/37 **a** **Hör den ersten Teil der Szene. Welche Idee hat Lillys Vater? Sprecht in der Klasse darüber.**

b **Lies die Sätze. Was ist richtig? Was ist falsch?**

1. Lillys Vater sagt: „Wir wollen Camping-Ferien machen."
2. Lilly sagt: „Ich will allein im Zelt schlafen."
3. Lilly hat Angst, ganz allein im Zelt.

2/38 **c** **Nun hör auch den zweiten Teil. Lies die Sätze. Was ist richtig? Was ist falsch?**

1. Die Eltern wollen Sandra einladen.
2. Sandra hat in den Ferien noch nichts vor.
3. Sandra sagt: „Ihr wollt doch nach Spanien fahren."
4. Lilly fragt Sandra: „Willst du mitkommen?"
5. Sandra will nicht mitkommen.

→ AB 6-7

Modalverb *wollen*

ich	**will**
du	**willst**
er/es/sie	**will**
wir	wollen
ihr	wollt
sie/Sie	wollen

6 Und jetzt du!

Was möchtest du am Wochenende machen? ▪ Was willst du in den Ferien machen? ▪ Deine Freundin/Dein Freund und du, was wollt ihr im Sommer machen? ▪ Was möchten deine Eltern heute Abend machen? ▪ Was will deine Schwester in den Sommerferien machen?

2/39 **a** **Hör zu und lies die Fragen mit.** **b** **Frag deinen Partner.**

→ AB 8

einen Wunsch sagen

- ◆ Was möchtest du machen?
- ▪ Ich möchte ...
- ◆ Was willst du machen?
- ▪ Ich will ...

7 Was nehmen wir mit?

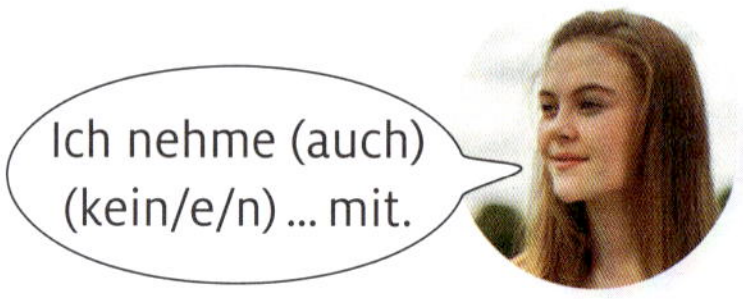

Pullover ▪ Turnschuhe ▪ Jacke ▪ T-Shirt ▪ Kleid ▪ Bücher ▪ Ball ▪ Tablet

2/40 **Hör zu. Was sagt Sandra? Antworte für Lilly.**
Hör dann Lillys Antwort. Und? Hattest du recht?

→ AB 9

WIEDERHOLEN
trennbare Verben

mit Modalverb
Wir wollen Bücher mitnehmen.

ohne Modalverb
Wir nehmen Bücher mit.

8 Spiel: Sätze bauen

a **Schreibt in Gruppen Sätze mit „Wir wollen ..." oder „Sie wollen ..." auf Wortkarten und legt einen Satz. Verwendet dieses Verb:**
mitnehmen

b **So geht das Spiel: Schau im Magazin auf Seite 72 nach.**

→ AB 9

Wir	wollen	Bücher	mitnehmen

9 Lesen: Tipps für deine Reise

Na, wann geht es los in die Ferien?
Ist dein Gepäck schon fertig? Nein?
Das ist aber auch schwierig. Was brauche ich?
Was muss ich mitnehmen?
Was darf ich nicht vergessen?

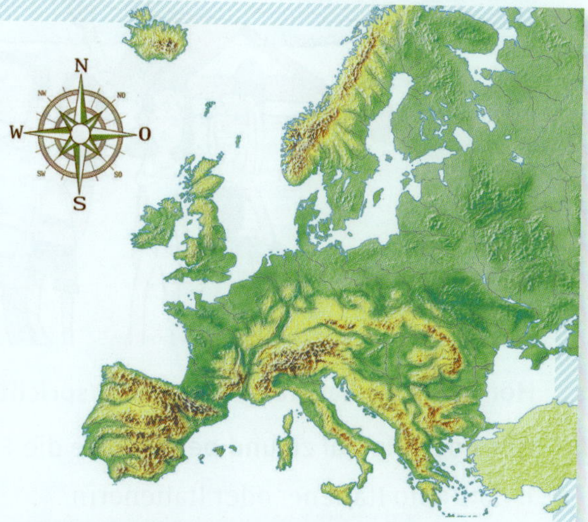

HIER SIND EIN PAAR TIPPS:

1. Wichtig: Wohin geht die Reise? In den Norden oder in den Süden? Wie ist das Wetter dort? Ist es warm oder kalt? Mehr Sonne oder mehr Regen?
2. Du fährst in den Norden, nach Norwegen oder Schweden? Dann musst du Jeans, eine Jacke und sicher auch einen Pullover mitnehmen. Es kann kalt werden.
3. Fährst du in den Süden? Nach Spanien oder Italien? Da ist es warm. Da brauchst du wohl keinen Pullover. Aber auch dort kann es mal regnen. Nimm also eine Regenjacke mit.
4. Nächste Frage: Was mache ich in den Ferien? Gehe ich schwimmen? Dann muss ich Schwimmsachen mitnehmen. Oder wandern wir? Dann müssen wir feste Schuhe dabei haben.
5. Wollt ihr in den Ferien Sport machen? Dann müsst ihr eure Sportsachen mitnehmen, wenn sie nicht zu groß sind. Oft bekommt man die Sachen auch im Ausland.

Ganz wichtig. Nimm nicht zu viel Gepäck mit. Und jetzt: **GUTE REISE!**

REISEN // 59

a **Lies den Text und schau die Bilder an. Zu welchen Abschnitten passen die Bilder? Was ist das Lösungswort?**

E

R

S

E

I

b **Mach die Sätze fertig.**

1. In Nordeuropa kann es kalt sein. Deshalb muss man ??? mitnehmen.
2. In Italien ist es warm. Deshalb ??? ich ??? mitnehmen.
3. In Südeuropa kann es aber auch regnen. Deshalb ??? du ??? ???.
4. Wir wollen Basketball spielen. Deshalb ??? wir ??? ???.
5. Ihr wollt in den Ferien schwimmen. Deshalb ??? ihr ??? ???.
6. Die Familie will wandern. Deshalb ??? sie ??? ???.
7. Die Kinder wollen surfen. Aber ??? können ??? ???. Es ist zu groß.

2/41 **c** **Hör die Sätze zur Kontrolle.**

→ AB 10-14

Wetter
Es ist warm/kalt.
Es regnet.
Sonne
Regen

Modalverb *müssen*	
ich	muss
du	musst
er/es/sie	muss
wir	müssen
ihr	müsst
sie/Sie	müssen

24 Neue Freunde

1 Am Strand

2/42 **a** **Hör zu und schau das Bild an. Wer spricht?**

2/42 **b** **Hör noch einmal zu und beantworte die Fragen.**

1. Ist Fabio Italiener oder Italienerin?
2. Kommt Fabio aus Palermo oder aus Pisa?
3. Sind Lilly und Sandra Deutsche oder Italienerinnen?
4. Spricht Fabio Deutsch oder Italienisch? → AB 1

Länder und Nationalitäten

Deutschland →
Person: der/die Deutsche
die Deutschen
Sprache: Deutsch

Italien →
Person: der Italiener
die Italienerin
die Italiener
die Italienerinnen
Sprache: Italienisch

2 Fabios Familie

● Sag mal, wer sind die denn?
◆ Kommt! Kommt! *Venite*!
Ääh also: Das ist Anna,
meine Schwester, mein Bruder Matteo
und meine ... wie sagt man Cou..., Cou...
■ Cousine.
◆ Richtig, meine Cousine Elena und
Elenas Geschwister Bruno und Sandra.

2/43 **a** **Hör zu und lies mit.**

b **Nenn Fabios Familie:**

→ AB 1 Sein Bruder heißt ...

3 Sandra und Sandra

■ Sandra? Ich heiße auch Sandra.
Heißt du auch Sandra? Wirklich?
▼ *Si*, *Si*, Ja, Ja.
■ *Ciao*, Sandra.
▼ *Ciao*, Sandra.
● Wie alt ist denn Sandra?
◆ Dreizehn.
■ Was? Ich bin auch dreizehn.
Das ist ja lustig.
● Und was machen wir jetzt?
Spielen wir Volleyball?
⁝ Okay. Einverstanden.

2/44 **a** **Hör zu und lies mit. Welche Informationen findest du?**

b **Spielt die Szenen aus 2 und 3. Achtet auf Mimik und Gestik.**

→ AB 1

TIPP
Mimik und Gestik helfen dir beim Verstehen.

4 Fabio stellt sich vor

2/45 **Ergänze Fabios Angaben.**

→ AB 2 **Hör den Text zur Kontrolle.**

Ich heiße Fabio.
Ich bin ???.
Ich komme aus ???.
Ich habe ??? Geschwister,
einen ??? und eine Schwester.
Ich habe zwei ??? und einen Cousin.
Meine Hobbys sind ??? und ???.
Ich lerne Englisch und ???.

5 Ratespiel in der Klasse

a **Stell dich vor. Schreib deine Angaben auf wie in 4. Du kannst auch noch mehr Informationen (Lieblingsessen, Lieblingskleidung …) dazuschreiben.**

Ich heiße …
Ich esse gern …
Ich trage gern …

b **Der Spielleiter sammelt die Zettel ein und liest die Angaben vor, aber nicht den ersten Satz! Die Klasse muss raten. Oder der Spielleiter liest die Informationen so vor:**

Er/Sie ist … Er/Sie kommt aus … Seine/Ihre Hobbys sind …

→ AB 2

WIEDERHOLEN
sich vorstellen
Ich heiße … .
Ich bin Italiener/in/…
Ich bin … alt.
Ich komme aus … .
Ich habe … Bruder.
Meine Hobbys … .
Mein Lieblingsfach …
Ich esse gern … .
Ich trage gern … .
Meine Lieblingsfarbe …

6 Lillys Tagebuch

Elba, 2. August

Jetzt sind wir schon zwei Tage hier auf Elba. Aber zum Schreiben hatte ich noch keine ???. Gleich am ersten Tag war das ??? super. Kein ???, nur Sonne und sehr ???. Wir haben das Zelt fertig gemacht. Und dann habe ich die erste ??? im Zelt geschlafen. Ich hatte auch keine ???, Sandra war ja da.
Gestern ??? wir am Strand, den ganzen Tag. Heute haben wir Fabio und seine ??? kennengelernt. Fabio kommt ??? Pisa und spricht ganz gut ???. Seine Cousine heißt Sandra, wie meine ???. Und sie ist auch dreizehn ??? alt, wie wir. Sandra hat so gelacht. Wir haben ??? zusammen Volleyball gespielt. Das war toll!

Schreib Lillys Tagebuch-Eintrag auf. Ergänze diese Wörter:

Jahre ▪ Zeit ▪ warm ▪ Nacht ▪ waren ▪ aus ▪ Familie ▪ Freundin ▪
→ AB 3-4 alle ▪ Wetter ▪ Deutsch ▪ Regen ▪ Angst

7 Postkarte an Oma

Liebe Oma, Elba, 3. August
hier ist das Wetter super! Am ersten Tag ??? wir das Zelt fertig gemacht. Dann ??? ich die erste Nacht im Zelt geschlafen! Gestern ??? wir Fabio und seine Familie kennengelernt. Ein Mädchen heißt Sandra, wie meine Freundin. Sandra ??? so gelacht. Wir ??? zusammen Volleyball gespielt. Super! Liebe Grüße Deine Lilly

Frau
Lina Huss
Schulstraße 30
D-89073 Ulm

Perfekt mit *haben*
haben + *Partizip*
ge -----t
oder
ge -----en
Sandra **hat gelacht**.
Ich **habe geschlafen**.

→ AB 3-4 **Schreib Lillys Postkarte. Ergänze das Perfekt.**

8 SMS

Wir fahren am Mittag oder am Nachmittag in die Stadt. Habt ihr Lust?
Gruß Fabio

Super Idee! Wir haben am Vormittag und in der Nacht Zeit.
Gruß Lilly

Tageszeiten
am Morgen
am Vormittag
am Mittag
am Nachmittag
am Abend
in der Nacht

→ AB 5 **Lies die SMS-Nachrichten. Mach Lillys Antwort richtig.**

9 Was ist los?

2/46 **Hör zu. Lies die Sätze. Was ist richtig?**

1. Lilly und Sandra wollen am Mittag ▪ am Nachmittag ▪ in der Nacht oder am Morgen in die Stadt fahren.
2. Fabio wartet um zehn Uhr ▪ um vier Uhr auf sie.
3. Sie wollen zur Schule ▪ zur Post, dann zum Supermarkt ▪ zum Sportplatz und zum Kaufhaus ▪ zum Fotogeschäft.

→ AB 6-7

Ortsangaben mit *zu* + Dativ
Wir gehen ...
zum Supermarkt.
zum Fotogeschäft.
zur Post.

10 Aus Lillys Tagebuch

Elba, 5. August
Wir sind am Nachmittag in die Stadt gefahren. Wir sind durch die Stadt gelaufen, zuerst ??? Post, und dann ??? Supermarkt. Ich bin dann noch schnell ??? Fotogeschäft gelaufen. Dann sind wir zu spät ??? Campingplatz gekommen. Mama war sauer!

Perfekt mit *sein*
sein + *Partizip*
Ich **bin** | **gefahren.** / **gekommen.** / **gelaufen.**

→ AB 8-11 **Schreib Lillys Tagebuch-Eintrag auf.**

11 Würfelspiel zum Perfekt

a Schreibt Karten:

ich | du | er | Fabio | das Kind | sie | wir | ihr | die Freunde

spielen | lachen | fahren | lernen | laufen | kommen | schlafen | warten

b So geht das Spiel: Schau im Magazin auf S. 71 nach.

→ AB 8-11

12 Wer kommt denn da?

2/47 **a** Hör zu und schau das Bild an.

2/47 **b** Hör noch einmal zu. Beantworte die Fragen.

1. Ist Robin allein oder mit Freunden?
2. Geht Robin spazieren oder wandern?
3. Gefällt es Robin auf Elba oder findet er die Ferien nicht so gut?
4. Ist er traurig ☹ oder glücklich ☺?
5. Spielen Lilly und die Freunde Volleyball im Meer oder am Strand?
6. Sind die Freunde jeden Tag zusammen oder nur heute?

→ AB 12

13 Robin und Anna

2/48 **a** Hör zu. Lies die Fragen und antworte.

1. Mit wem spricht Robin?
2. Wer ist Anna?
3. Wie gut spricht Anna Deutsch?
4. Wie gut spricht Robin Italienisch?
5. Wie gefällt Anna die Insel?
6. Was möchte Robin machen?
7. Was will die Gruppe machen?
8. Wie oft darf Robin mitspielen?

2/48 **b** Hör noch einmal zu. Nun lies die Sätze. Was sagt Anna?

Entschuldigung, ich habe das nicht verstanden. ▪ Wie bitte? ▪ Kannst du das bitte wiederholen? ▪ Kannst du bitte langsam sprechen? ▪ Tut mir leid, das Wort verstehe ich nicht. ▪ Kannst du das noch einmal sagen? ▪ Noch einmal bitte. ▪ Ich kenne das Wort nicht. Kannst du es erklären?

→ AB 13-17

um Verständnishilfe bitten
Wie bitte?
Kannst du das bitte wiederholen?
Noch einmal bitte.
Tut mir leid, das verstehe ich nicht.
Bitte langsam sprechen.

14 Szenen spielen

Spielt die Szene oder erfindet neue Szenen.
Verwendet Sätze aus 13b.

→ AB 13-17

1 Lesen: Anzeigen

Ferien auf dem Reiterhof Sprenger
Ossiacher See/ Kärnten
Erlebnisferien für die ganze Familie;
täglich Reitunterricht möglich,
Schwimmen in unserem großen Pool
oder Tennis spielen auf unseren
vier Tennisplätzen
www.reiterhof-sprenger.at
(A)

FERIENHOTEL MI CASA
bei Denia/Alicante Spanien
direkt am Strand
Surfkurse für Kinder und Jugendliche
Tenniskurse für Erwachsene
und Jugendliche
Achtung! Unser Hotel ist geschlossen
vom 1. November bis 31. März
info@mi-casa.es
(B)

FRANZÖSISCH-CAMP AM GENFER SEE
Französisch lernen –
leicht gemacht!
Sprachkurse für junge Leute
von 13 bis 17 Jahren;
am Vormittag Unterricht
am Nachmittag Wassersport
Infos unter www.franz.camp-lau.ch
(C)

Insel Kos Camping Europa
Camping das ganze Jahr möglich;
viel Platz für Wohnwagen und Zelte;
zwölf Anlagen mit Duschen, Toiletten;
Restaurant mit griechischem Essen,
schöner Strand, ideal zum
Schwimmen, Surfen und Kite-Surfen
www.camping-europa-kos.gr
(D)

a **Lies die Anzeigen und beantworte die Fragen.**

1. Wo kann man wohnen? Was kommt in den Anzeigen nicht vor?
   im Hotel ▪ in einer Ferienwohnung ▪ auf dem Campingplatz ▪ im Jugendcamp
2. Wo kann man auch im Winter Ferien machen?
3. Wo kann man eine Sprache lernen?
4. Wo kann man Sport machen?

b **Lies die Sätze. Für wen passt welche Anzeige?**
Vorsicht! Nicht immer passt eine Anzeige.

1. Familie Weiß möchte am 1. März nach Spanien fahren.
2. Julian möchte im Zelt schlafen.
3. Lea möchte Französisch in Frankreich lernen.
4. Jonas möchte reiten und surfen.
5. Mias Eltern möchten Tennisspielen lernen.
6. Jan, zwölf Jahre, möchte in der Schweiz Französisch lernen.
7. Eva hat Angst vor Pferden, möchte aber Tennisspielen lernen.

2 Projekt: Unser Wohnort

a **Macht für euren Wohnort ein Ferien-Poster. Überlegt in der Klasse:**

1. Was gibt es bei uns?
   Theater ▪ Internet-Café ▪ Geschäfte ▪ Markt ▪ Park ▪ Wald ▪ Schwimmbad ▪ Fluss ▪ See ▪ Bibliothek ▪ Rock-Konzert ▪ Sprachenschule ▪ Tanzschule ▪ Disco ▪ Fußballstadion ▪ ...
2. Was kann man bei uns machen?
   gut essen ▪ Fahrrad fahren ▪ ins Kino gehen ▪ reiten ▪ schwimmen ▪ tanzen ▪ einkaufen ▪ shoppen gehen ▪ mit dem Schiff fahren ▪ Skateboard fahren ▪ Tennis spielen ▪ Sprachen lernen ▪ ...
3. Was kann man im Winter/Sommer/Frühling/Herbst machen?
   Snowboard fahren ▪ schwimmen ▪ ...

b **Sammelt Fotos und Prospekte von eurem Wohnort. Klebt die Bilder auf ein Plakat und schreibt Sätze dazu.**

??? ist ein Dorf/eine Stadt in ...

Bei uns gibt es ... Da kann man ...

Bei uns kann man sehr gut essen. Unser Lieblingsessen ist ...

Bei uns kann man super Ferien ...

3 Rap: Egal

Wir sind Engländer, Italiener, Deutsche. Egal!
Wir sprechen Englisch, Italienisch, Deutsch. Egal!
Und welche Sprachen sprechen wir noch?
Wir verstehen nicht jedes Wort. Egal!
Ganz egal! Wir verstehen uns doch.

2/49 **a** **Hör zu und lies mit.**

b **Macht weitere Strophen mit anderen Leuten und anderen Sprachen. Vergesst eure Muttersprache nicht:**
Polen → Polnisch, Spanien → Spanisch, ...

2/50 **c** **Singt die neuen Strophen zum Playback.**

Film Modul 8

4 Schau den Film *Im Norden könnt ihr Bern sehen* zu Modul 8 an und lös die Aufgaben auf S. 80.

Das kann ich schon

Kommunikation

Ortsangaben erfragen und machen	Wohin fährt/fliegt ...? – Nach New York. – Nach Spanien./ Österreich./In die Schweiz./In die Türkei.
Vorlieben ausdrücken	Das gefällt mir. ▪ Das macht mir Spaß. ▪ Das mache ich gern.
einen Wunsch sagen	Was willst du machen? – Ich will ...
um Verständnishilfe bitten	Wie bitte? ▪ Kannst du das bitte wiederholen? ▪ Noch einmal, bitte. ▪ Tut mir leid, das verstehe ich nicht. ▪ Bitte langsam sprechen.

Grammatik

1 Verb

Modalverb wollen			
ich	**will**	wir	wollen
du	**willst**	ihr	wollt
er/es/sie	**will**	sie	wollen

Modalverb müssen			
ich	**muss**	wir	müssen
du	**musst**	ihr	müsst
er/es/sie	**muss**	sie	müssen

wollen + *Infinitiv*			
Ich	**will**	im Zelt	**schlafen**.

müssen + *Infinitiv*			
Du	**musst**	eine Jeans	**mitnehmen**.

Perfekt mit haben *(bei vielen Verben) und* sein	
haben + *Partizip* ich **habe** **gelacht**.	*Partizip* **ge**- + *Verb-Basis* + -**t** *oder* **ge**- + *Verb-Basis* + -**en**
sein + *Partizip* ich **bin** **gefahren**.	

2 Unpersönliches Pronomen *man*

man = *3. Person Singular*
Man kann in der Schweiz wandern.

3 Satz: Verb an zweiter Stelle

Position 1	*Position 2*		
Man	kann	im Hotel	gut essen.
Im Hotel	kann	man	gut essen.

4 Präpositionen

mit	+ *Dativ*
mit	dem Bus
	dem Auto
	der Bahn

ohne	+ *Akkusativ*
ohne	den Bus
	das Auto
	die Bahn

Ortsangaben mit zu + *Dativ*	
Wir gehen ...	zum Supermarkt.
	zum Kaufhaus.
	zur Post.

Das Magazin

Hier findest du die Spiele aus dem Kursbuch und die Aufgaben zu den Filmen.

Wir zeigen dir, wie man in Deutschland, Österreich und der Schweiz Feste feiert.

Spiele

Interviewspiel ‹L13/7

So geht das Spiel:

1. Hobbys an die Tafel schreiben und Nummern vor die Hobbys schreiben
2. Lieblingshobby auf ein Blatt schreiben. Die anderen dürfen es nicht sehen.
3. Mit dem Blatt und einem Bleistift durch die Klasse gehen und fragen

1. Sport machen
2. Musik hören
3. lesen
4. fernsehen
5. malen
6. schwimmen
7. reiten
8. Fußball spielen
9. tanzen

4. Die Nummer an der Tafel suchen und aufschreiben

Wer als Erster sechs Hobbys mit einem Namen auf seinem Zettel hat, ruft: „Ich bin fertig!“

5. Nach dem Spiel: Der Sieger liest seinen Zettel vor.

Variante: Interviewspiel mit anderen Themen

‹L16/1 Wünsche

1. Ohrringe
2. Hund
3. Uhr
4.

Was möchtest du?

Ich möchte einen/ein/eine/---

‹L17/6 Kleidung (Plural)

1. Pullover
2. Mantel
3. Kleid
4.

Was kaufst du gern?

Jacken.

‹L20/1-3 Essen und Trinken

1. Kuchen
2. Eis
3. Gemüse
4.

Was schmeckt dir?

... schmeckt mir gut/nicht so gut.

Platzwechselspiel ‹L16/2

So geht das Spiel:

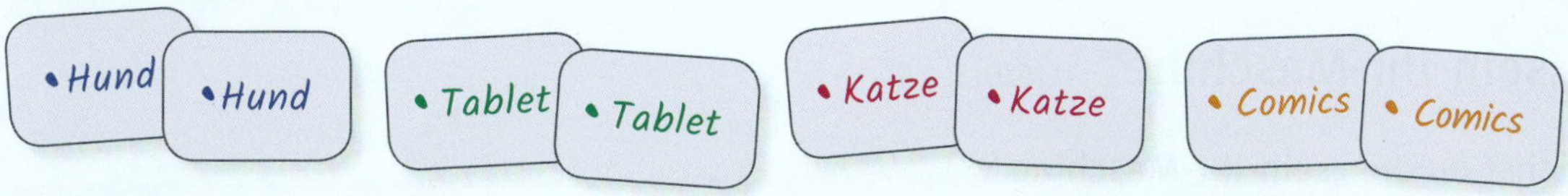

1. Die Wörter aus Lektion 16 / 1c immer zweimal und in Artikelfarben auf Karten schreiben
2. Im Kreis aufstellen. Immer zwei gegenüber haben die gleiche Wortkarte. Die Geschichte hören. Hörst du dein Wort? Dann den Platz mit dem Mitschüler tauschen, der die gleiche Karte hat.

Variante: Platzwechselspiel zu anderen Themen

‹L20/5 Wohnung

‹L22/1 Fahrzeuge

‹L23/4 rund um den Bahnhof

Variante: Platzwechselspiel mit Sätzen

‹L19/7 *sein* im Präteritum

‹L19/9

‹L21/1 Präteritum von *haben* und *sein*

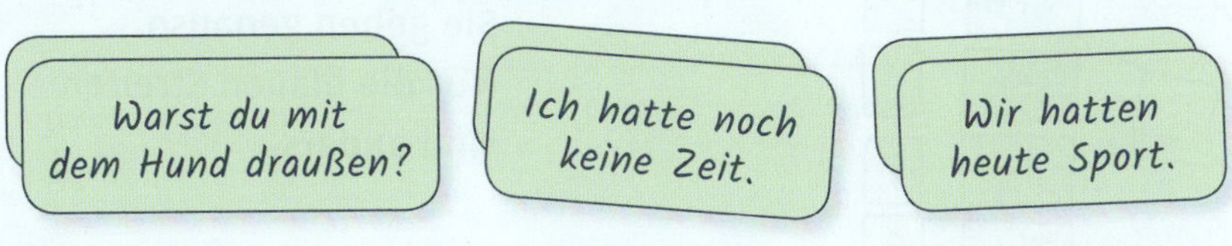

Die „sein-ihr-Maschine“ ‹L16/9

So machst du die „sein-ihr-Maschine“:

Ⓐ Das ist der Mann und seine Katze.

Besitzer — Besitz

Nominativ

Ⓑ Frau Koch mag ihren Hund.

Besitzerin — Besitz

Akkusativ

Material:
Papier in blau, grün, rot und gelb
ein dünner Karton

1. Von jedem bunten Papier einen Streifen schneiden

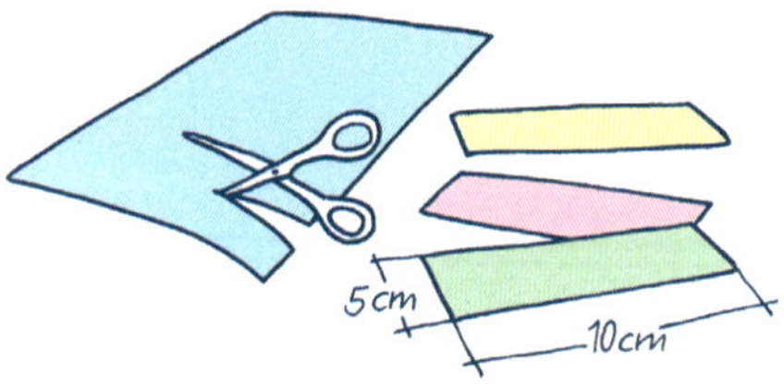

2. Streifen so auseinanderschneiden:

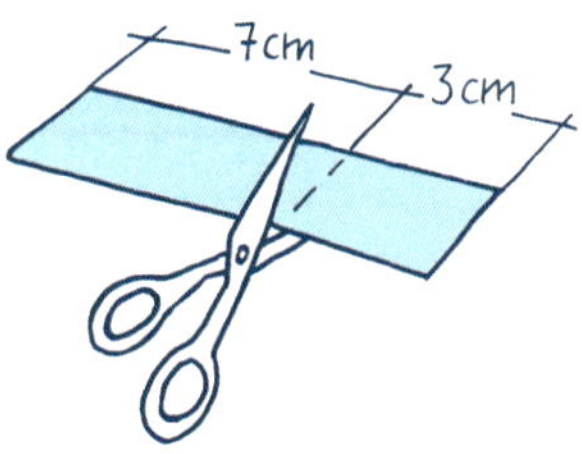

3. Das auf die Streifen schreiben:

4. Die Streifen aufeinanderlegen: unten gelb, darauf rot, darauf grün und oben blau

5. Die Streifen und den Karton zusammenheften

6. Auch Streifen für den Akkusativ machen. Sie gehen genauso. Nur die blauen Streifen sind anders.

Würfelspiel ‹L18/2

So geht das Spiel:

Wer wartet? | *Welche Nummer hat der Bus?* | *Wo …?*

1. Frage-Karten zum Text in Lektion 18/1 schreiben und auf einen Stapel legen
2. Würfeln und Spielfigur auf dem Spielplan auf Seite 73 bewegen
   Buntes Feld? Dann Frage-Karte ziehen, vorlesen und wie im Text antworten
3. Richtig? Zwei Felder weitergehen. Falsch? Der nächste Spieler ist dran.

Wer ist als Erster im Ziel?

Variante: Würfelspiel zum Perfekt ‹L24/11

ich | *du* | *er* | *Fabio*

spielen | *lachen* | *fahren* | *laufen*

1. Personen-Karten auf einen Stapel, Verb-Karten auf einen zweiten Stapel legen
2. Würfeln und Spielfigur auf dem Spielplan von S. 73 bewegen. Buntes Feld?
   Dann von jedem Stapel eine Karte ziehen und einen Satz im Perfekt bilden.

Lilly | *schlafen*

Wir | *fahren*

Variante: Würfelspiel zum Leseverstehen

‹L19/9
‹L21/2
‹L21/6
‹L22/1b
‹L24/6

Satzbau-Spiel ‹ L23/2

So geht das Spiel:

Satz 1: Es gibt da kein Schwimmbad.

Es	gibt	da	kein Schwimmbad.

Satz 2: Da gibt es kein Schwimmbad.

Da	gibt	es	kein Schwimmbad.

1. **Die zwei Sätze auf Wortkarten schreiben**

2. **Immer zwei Gruppen spielen gegeneinander. Jede Gruppe hat so viele Spieler, wie der Satz Karten hat. Hier also: vier Karten – vier Spieler pro Gruppe. Jeder Spieler bekommt eine Karte von Satz 1.**

Welche Gruppe steht am schnellsten in der richtigen Reihenfolge?

3. **Dann das Gleiche mit Satz 2. Spielt auch mit anderen Sätzen. Zum Beispiel:**
   Satz 1: Man kann im Hotel gut essen. **Satz 2:** Im Hotel kann man gut essen.

Spiel: Sätze bauen ‹ L23/8

So geht das Spiel:

1. **In Gruppen Sätze mit „Wir wollen …" oder „Sie wollen …" auf Wortkarten schreiben und Sätze legen. Dieses Verb verwenden:**
   mitnehmen

Wir	wollen	Bücher	mitnehmen

2. **Die Karte *wollen* wegnehmen und die Karte *mitnehmen* ✂ zerschneiden. Den Satz ohne *wollen* legen**

Wir	nehmen	Bücher	mit

3. **Weitere Sätze legen: erst mit *wollen*, dann ohne. Diese Verben verwenden:**
   einkaufen ▪ fernsehen ▪ ankommen ▪ einladen ▪ anrufen.

Spielplan

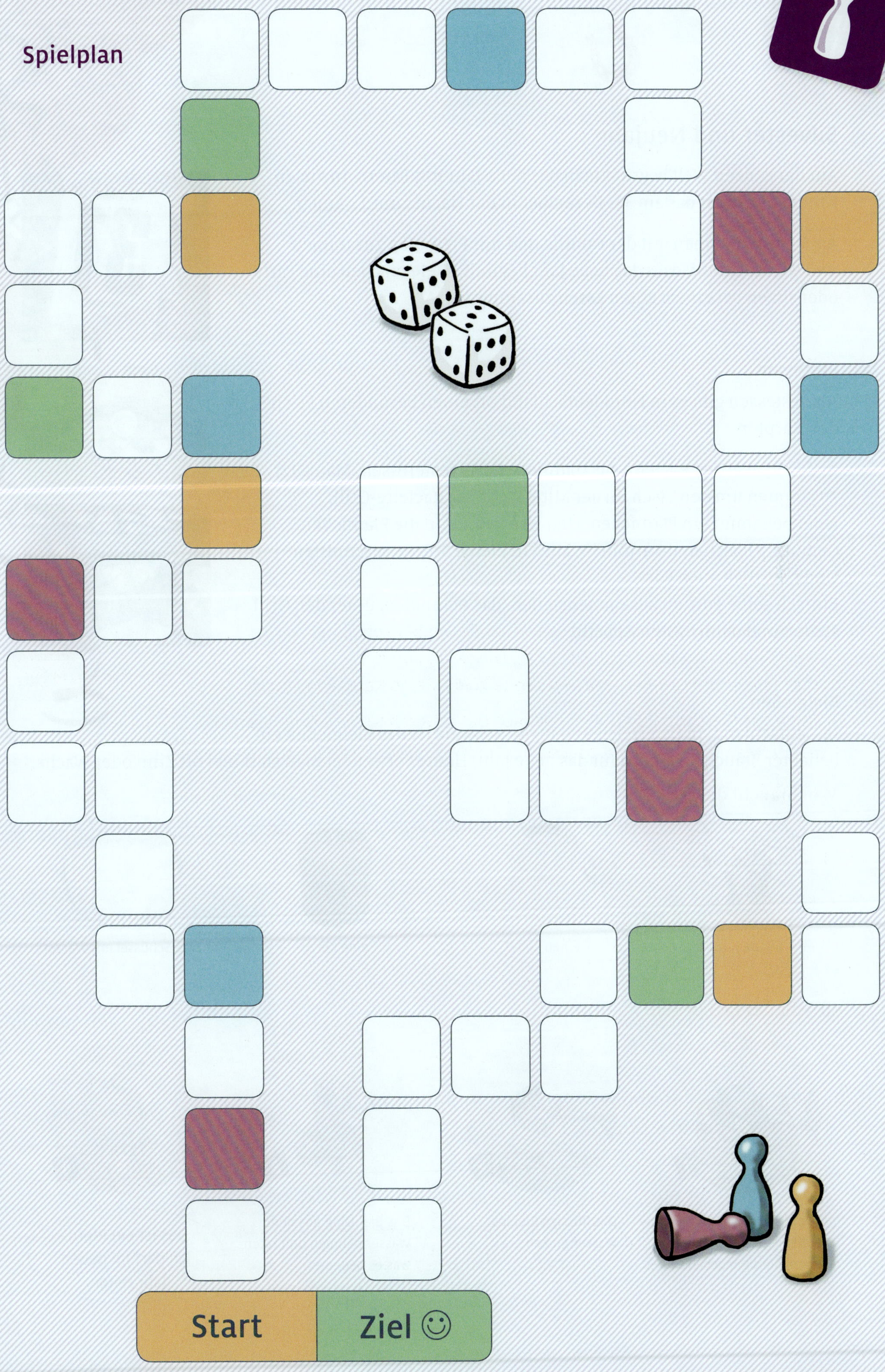

Feste und Feiern

Silvester und Neujahr

Auf der ganzen Welt begrüßt man das neue Jahr mit Feiern. In vielen Ländern passiert das am 31. Dezember in der Nacht zum 1. Januar.

An Silvester ist man mit der Familie und mit Freunden zusammen und wartet darauf, dass das neue Jahr beginnt. Viele machen eine Party oder sitzen bei einem guten Essen zusammen.

a Festessen

Als Festessen gibt es in Norddeutschland oft einen besonderen Fisch: den Karpfen.

In der Schweiz ist Raclette das traditionelle Silvesteressen. Man sitzt zusammen um den Tisch, in der Mitte steht der Raclette-Grill.
Jeder bekommt ein Pfännchen. Und was kommt in die Pfännchen?
Gemüse, Fleisch und Kartoffeln, alles in kleine Stücke geschnitten.
Und natürlich auch Käse.
Einfach seine Portion zusammenstellen, das Pfännchen unter den Grill stellen und dann: Guten Appetit!

b Bleigießen

In Deutschland, in Österreich und in der Schweiz ist das Bleigießen ein beliebter Brauch als Orakel für das neue Jahr. Heute verwendet man statt Blei oft Zinn oder Wachs.

Man braucht dazu:

kleine Figuren aus Blei

einen Löffel

eine Kerze

eine Schüssel mit Wasser

So geht das Bleigießen:

1 Die Bleifigur auf den Löffel legen und über der Kerze flüssig machen.

2 Das flüssige Blei ins Wasser gießen.

3 Das Blei-Ding aus dem Wasser nehmen und raten, was es bedeutet.

4 Das ist ein Pferd. Ich darf im neuen Jahr reiten.

c Gute Wünsche

Im alten Jahr zählt man die letzten Sekunden rückwärts: 5 4 3 2 1

Genau um Mitternacht zündet man Raketen und wünscht sich:

Gutes neues Jahr!

Prosit Neujahr!

Einen guten Rutsch!

Und so sagt man in anderen Ländern:

d Glücksbringer

Kleeblatt

Glücksschweinchen

Hufeisen

Fliegenpilz

Schornsteinfeger

Das sind Glücksbringer. Man verschenkt sie am Silvesterabend. Sie können auch aus Schokolade sein. Damit wünscht man dem anderen Glück für das neue Jahr.

e Silvesterpartys

In allen großen Städten gibt es an Silvester fröhliche Partys mit viel Musik.
Der Höhepunkt ist um Mitternacht:
Da gibt es ein großes buntes Feuerwerk und die Böller knallen laut, wie zum Beispiel in Wien.
Die größte Silvesterparty in Deutschland ist in Berlin. Am Brandenburger Tor kommen bis zu hunderttausend Berliner und Gäste aus aller Welt zusammen und feiern bis in den Morgen. Auch das Fernsehen ist dabei.

Karneval – Fasching – Fasnacht

Karneval – Fasching – oder Fasnacht, so nennt man das fröhliche bunte Fest, das im Winter – sieben Wochen vor Ostern – gefeiert wird. Die Leute verkleiden sich, singen lustige Lieder und tanzen zu lauter Musik.
In Köln begrüßen sie sich mit „Kölle Alaaf!" und in Mainz rufen sie: „Helau!"

a Karneval in Köln

Rosenmontagszug

Der letzte Montag im Karneval heißt „Rosenmontag". An diesem Tag gibt es in vielen Städten einen Karnevalszug. Besonders bekannt ist der Rosenmontagszug in Köln. Dann ziehen Wagen, Tanzgruppen, Musikkapellen und viele lustig verkleidete Menschen durch die Stadt. Der Weg ist fast sieben Kilometer lang und der Umzug kann vier Stunden dauern. Die Leute stehen am Straßenrand und freuen sich über den Zug. Alle wollen etwas von 300 Tonnen Süßigkeiten fangen, die die Leute von den Wagen werfen.

„Schull- und Veedelszöch"

Am Karnevalsonntag, also einen Tag vor Rosenmontag, gibt es in Köln noch etwas anderes: den Karnevalszug der Schulen und Stadtviertel. Er heißt im Kölner Dialekt „Schull- und Veedelszöch". Schüler, Eltern und Lehrer haben Wagen gebaut und Masken und Kostüme gebastelt. Dann ziehen sie durch die Straßen von Köln und viele Leute schauen zu. Sogar das Fernsehen ist da. Dieser Karnevalszug ist oft länger als der berühmte Rosenmontagszug am nächsten Tag.

b Lehrerwecken

Im Südwesten von Deutschland gibt es einen ganz besonderen Brauch: das Lehrerwecken.

Sehr früh am Morgen kommt die ganze Klasse verkleidet vor der Wohnung des Lehrers zusammen.

Die Schüler singen Quatschlieder und machen großen Lärm.

So weckt die Klasse den Lehrer.

Der Lehrer ist gar nicht böse. Er findet das lustig und lädt die Klasse zum Frühstück ein.

c Basler Fasnacht

„Die drei scheenschte Dääg" (die drei schönsten Tage), sagen die Basler von ihrer Fasnacht.

Die Basler Fasnacht ist die größte in der Schweiz und sehr berühmt. Schon vor mehr als 600 Jahren haben die Leute in Basel so gefeiert.

Die Basler Fasnacht beginnt später als der Kölner Karneval und dauert nur drei Tage. Sie beginnt am Montagmorgen um vier Uhr. Da gehen alle Lichter in der Stadt aus und Laternen-Umzüge erleuchten die Straßen. In den drei Tagen gibt es viele Umzüge. Die Leute tragen Kostüme und Masken und machen laute Musik. Am Donnerstagmorgen um vier Uhr, nach genau 72 Stunden, hört die Basler Fasnacht auf und alles ist wieder wie immer.

Film zu Modul 5: *Was macht ihr heute Abend?* (sagen, was man macht)

‹Zum Schluss, Modul 5/5

1 **a** **Schau die Fotos A–C an und beantworte die Fragen 1 und 2.**

Patrick und Anne

1. Was machen Anne und Patrick auf den Bildern B und C? Was glaubst du?
   - a Sie machen Ferien.
   - a Sie machen Interviews.
   - b Sie fragen nach dem Weg.
2. Wo sind sie?
   - a Hamburg   b Berlin   c München

b **Schau Teil 1 des Films an und überprüfe deine Ergebnisse aus a.**

c **Lies die Sätze 1 und 2. Schau noch einmal Teil 1 des Films an und ergänze.**

1. ▲ Welcher Tag ist heute? ■ Heute ist ???.   2. ▲ Wie spät ist es? ■ Es ist ???.

2 **Schau Teil 2 des Films an. Was passt? Ordne zu.**

1. Die zwei
2. Der Mann
3. Die Frau

- a geht vielleicht in eine Disko.
- b besuchen Freunde.
- c isst.
- d hört Musik.
- e möchte ein Fußballspiel ansehen.
- f möchten vielleicht ins Kino gehen.

4 **Macht Interviews in der Klasse.**

Schritt 1: Überlege: Was möchte ich heute machen? Mach Notizen.

Mathe lernen, mit einer Freundin / einem Freund telefonieren ...

Schritt 2: Geht durch die Klasse. Interviewt eure Mitschülerinnen und Mitschüler.

Was machst du heute?

Was möchtest du heute machen?

Film zu Modul 7: *Bach war dick.* (Personen beschreiben)

‹Zum Schluss, Modul 7/5

1 Schau die Bilder A und B an und ordne die Adjektive zu.

dick ▪ groß ▪ sehr dick ▪ (gar) nicht dick ▪ klein

2 a Schau die Bilder A–F an und lies die Namen. Wen kennst du? Wen kennst du nicht? Recherchiere im Internet.

Friedrich Schiller

Wilhelm Friedemann Bach

Wolfgang Amadeus Mozart

Johann Sebastian Bach

Carl Philipp Emanuel Bach

Johann Christian Bach

b Schau noch einmal die Bilder aus a an und schau dann den Film an. In welcher Reihenfolge werden die Personen genannt?

3 Lies die Aufgaben 1–4. Schau dann den Film noch einmal an. Was ist richtig, a oder b?

	a	b
1. Johann Sebastian Bach war	dick.	nicht so dick.
2. Johann Sebastian Bach hatte	mehrere Söhne.	keine Kinder.
3. Schiller war 1,85 m groß. Heute sind	viele Menschen so groß.	nur wenige Menschen so groß.
4. Mozart war	1,76 m.	1,50 m.

4 Macht ein Ratespiel in der Gruppe.

Schritt 1: Überlege: Wie groß sind die anderen? Mach Notizen.
Schritt 2: Jede Schülerin / Jeder Schüler sagt, wie groß sie / er ist.

Ich glaube, Jonas ist 1,60 m groß.

Nein, ich glaube, Jonas ist 1,68 m groß.

Falsch. Ich bin 1,65 m groß.

Jonas, 1,68 m
Laura, 1,52 m

TIPP
Wer hat richtig geraten?

Film zu Modul 8: *Im Norden könnt ihr Bern sehen.* (sagen, wo ein Ort ist)

‹Zum Schluss, Modul 8/4

1 **Arbeitet zu zweit. Schaut die Karte an und lest den Beispieldialog. Macht dann weitere Dialoge.**

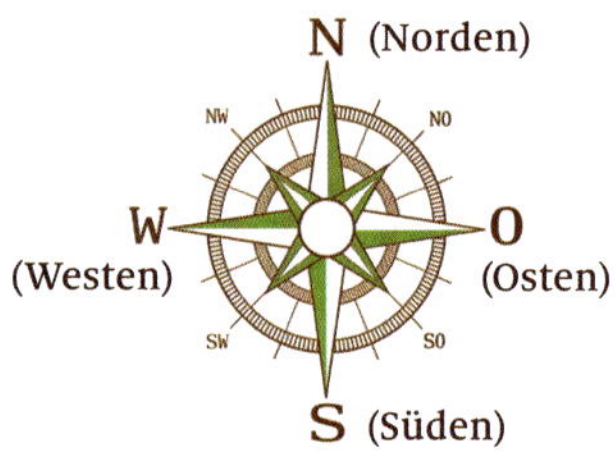

- ■ Wo liegt Bern?
- ● Bern liegt in der Schweiz, im Westen.

Hamburg			
Berlin			
Köln			im Norden.
Frankfurt			im Nordosten.
München		in Deutschland,	im Osten.
Wien	liegt	in Österreich,	im Südosten.
Salzburg		in der Schweiz,	im Süden.
Innsbruck			im Südwesten.
Zürich			im Westen.
Bern			im Nordwesten.
Genf			
Basel			

2 **Was liegt wo? Schau den Film an und ordne zu.**

1. Im Norden	a	das Berner Oberland
2. Im Westen	b	Bern
3. Im Süden und Osten	c	das Berner Seeland

3 **Lies die Aussagen 1–4 und schau den Film noch einmal an. Was ist richtig? Was ist falsch?**

1. Bern ist ein Fluss in der Schweiz.	r	f
2. Die Aare ist ein Fluss.	r	f
3. In der Schweiz spricht man viele Sprachen.	r	f
4. Viele Berge im Berner Oberland sind über 4 000 Meter hoch.	r	f

4 **Was kann man sehen? Schaut den Film noch einmal an. Was seht ihr?**

▲ Ich sehe Häuser, ...

5 **Wie ist es bei euch? Macht einen Film mit dem Smartphone.**

Schritt 1: Sucht einen hohen Ort, in eurer Stadt / eurem Ort.

Schritt 2: Macht einen Film mit dem Smartphone (mindestens 2 Minuten lang).
Sagt: Was kann man in der Stadt / in dem Ort sehen? Was liegt im Norden / Osten / ...

■ Ich möchte euch meine Stadt ... zeigen. Im Norden liegt ... Im Osten kann man ... sehen. ...

Wortliste

- Die alphabetische Wortliste enthält alle Wörter von *Dabei* A1.2 mit Nennung der Lektion und der Aufgabennummer.
  Beispiel: Auge, -n, das 14 1 → Das Wort *Auge* kommt erstmals in **Lektion 14**, Aufgabe 1 vor.
- Kursiv gedruckt sind Wörter, die nicht für die Prüfung der Niveaustufe A1 vorausgesetzt werden.
- Der für die Schüler relevante Lernwortschatz ist in chronologischer Reihenfolge im Anhang vom Arbeitsbuch zu finden.
- Nomen mit der Angabe (Sg.) verwendet man in der Regel nur im Singular.
- Nomen mit der Angabe (Pl.) verwendet man in der Regel nur im Plural.
- Folgende Abkürzungen werden verwendet: **ZS** = Zum Schluss, **Einstieg** = Moduleinstiegsseite

A

Abendessen, -, das 20 3
abfahren 23 4
abgeben 19 5
Achtung! 23 4
Adresse, -n, die 16 7
Ahnung, -en, die 21 2
Album, Alben, das **Start** *3*
Allergie, -n, die 19 5
Alles Gute! 15 10
alljährlich 15 9
am Mittag 24 8
am Morgen 24 9
am Nachmittag 24 8
am Vormittag 24 8
an (lokal: am/an der) 20 5
anrufen 17 5
Anzeige, -n, die 19 5
Apotheke, -n, die 17 1
Aquarium, Aquarien, das 19 5
Arbeit, -en, die 21 1
Artikel (Zeitung), *-, der 14 6*
Arzt, ¨-e, der 15 7
au weia! 19 7
auf (lokal: auf dem/der) 20 5
aufstehen 15 5
Auge, -n, das 14 1
Augenblick, -e, der 17 4
Ausland (Sg.), das 23 9
aussehen 21 6
außerdem 22 1
aussteigen 23 4
Automat, -en, der 23 4

B

Bad, ¨-er, das 20 5
Bahnhof, ¨-e, der 23 3
Bahnsteig, -e, der 23 4
Ball, ¨-e, der 16 7
basteln 16 7
Bauch, ¨-e, der 15 5
Bauchschmerzen (Pl.) 15 5
Baumwolle (Sg.), die **Start** *2*
behalten 19 4
beherrschen **Start** *3*
bei 16 10
Berg, -e, der 22 1
besetzt 23 4
Besitz (Sg.), der 16 9
Besitzer, -, der 16 9
besser 20 3
Beste, das 16 5
Bett, -en, das 20 5
bewerben (sich) 14 4
billig 17 9
bisschen 15 5
bleiben 13 1
blond 14 1
Bluse, -n, die 17 6
Bundesliga, -ligen, die **Start** *2*

C

Camp, -s, das 22 2
Camping (Sg.), das 22 1
CD, -s, die 16 1
Chatroom, -s, der **Start** *1*
Comic, -s, der **Start** 1
cool 17 9

D

da 22 2
dabeihaben 21 2
Damenmode (Sg.), die 17 6
dazu 19 7
den ganzen Tag 24 6
deshalb 23 9
Deutschlehrer, -, der 18 6
Deutschlehrerin, -nen, die 18 6
dies-er/es/e 17 10
direkt **ZS** *8 1*

dort 18 1
drangehen 17 5
draußen 21 1
dringend ZS 8 1
dumm 19 3
Durst (Sg.), der 20 2
Dusche, -n, die ZS 8 1

E

Ei, -er, das 20 1
ein bisschen 18 1
einfach **Start** 2
einfahren 23 4
einkaufen **Einstieg** 6
einladen 23 5
Einladung, -en, die 24 8
einsteigen 23 4
einverstanden 24 3
Eis (Sg.), das 20 1
Eishockey (Sg.), das **Start** 2
Elastan (Sg.), das **Start** 2
Elektronik (Sg.), die 17 6
enden 15 9
endlich 23 4
Engländer, -, der ZS 8 3
Erdgeschoss, -e, das 17 6
erklären 24 13
Erlebnisferien (Pl.) ZS 8 1
Erwachsene, -n, der/die ZS 8 1
euer/eure 21 3
Euro (Sg.), der 17 4

F

Fahrkarte, -n, die 23 4
Fahrplan, ¨-e, der 23 4
Fahrrad, ¨-er, das 16 1
Familienhund, -e, der ZS 7 1
Fankurve, -n, die **Start** 2
fantastisch **Start** 3
Farbe, -n, die 19 4
fast ZS 6 1
Fenster, -, das 20 5
Ferien (Pl.) **Einstieg** 8
Ferienplan, ¨-e, der 22 2
Ferienwohnung, -en, die ZS 8 1
fernsehen 13 1
fertig machen 24 6
fest 23 9
Filmarbeit (Sg.), die ZS 7 1
Filmhunde-Trainer, -, der ZS 7 1
Filmprojekt, -e, das ZS 7 1
finden (suchen) 16 7
Fleisch (Sg.), das 20 1
fliegen 22 1
Flughafen, ¨-, der 23 3
Flugzeug, -e, das 22 1
Fotogeschäft, -e, das 24 9
Freizeit (Sg.), die **Start** 2
fressen 20 2
Fressen (Sg.), das 20 3
freundlich ZS 7 1
Frohe Ostern! 15 10
Frohe Weihnachten! 15 10
Frühling, -e, der 13 3
Frühstück, -e, das 20 1
frühstücken 20 2
Fuß, ¨-e, der 22 1
Fußballstadion, -stadien, das ZS 8 2

G

Geburtstagsgeschenk, -e, das 16
gefallen 22 2
Gemüse, -, das 20 1
Gepäck (Sg.), das 23 4
Geschäft, -e, das 17 1
Geschenk, -e, das 16 7
geschlossen sein ZS 8 1
Gesellschaft, -en, die ZS 7 4
gestern 19 7
gewinnen **Start** 2
Gleis, -e, das 23 4
glücklich 24 12
Glückwunsch, ¨-e, der 15 10
Gorilla, -s, der ZS 5 1
Gratis-Tanzkurs, -e, der 14 4
gratulieren 15 9
Graupapagei, -en, der 19 5
groß 14 1
Guten Appetit! 20 2

H

Haar, -e, das 14 1
Hals, ¨-e, der 15 5
Halsschmerzen (Pl.) 15 5
Halt! 23 3
Haltestelle, -n, die 17 1
Haustier, -e, das 19 2
Herbst, -e, der 13 3
hereinkommen 19 9
Herrenmode (Sg.), die 17 6
herumfahren 15 3
Herzlichen Glückwunsch! 15 10
Hilfe, -n, die 16 7
hinauf 22 1
holen 17 4
Hose, -n, die **Start** 2
Hotel, -s, das 23 1
hübsch 14 1
Hund, -e, der 16 1
Hündin, -nen, die ZS 7 1
Hunger (Sg.), der 20 2

I

ideal ZS 8 1
ihr/e 16 7
in der Nacht 24 8
in Ordnung 21 1
in (lokal: im/in der) 20 5
intelligent 19 3
InterCity, -s, der 23 4
interessant 19 7
Interesse (Sg.), das 16 7
international ZS 7 1
Internet-Café, -s, das ZS 8 2
Interview, -s, das 18 6
Italiener, -, der 24 1
Italienerin, -nen, die 24 1

J

Jacke, -n, die 17 6
Jahreszeit, -en, die 13 3
Jeans, -, die **Start** 1
jeweils **Start** 2

Wortliste

Jogging-Anzug, ¨-e, der ***Start*** *2*
Jugendcamp, -s, das ***22*** *2*
Jugendliche, -n, der/die ***ZS 8*** *1*
Junge (Tierjunge), -n, das ***16*** *7*

K

Käfig, -e, der ***19*** *5*
Kakao, -s, der **20** 1
kalt **23** 9
Kamera, -s, die ***ZS 7*** *1*
kaputt **15** 1
Karate (Sg.), das ***14*** *7*
Katze, -n, die **16** 1
kaufen **16** 1
Kaufhaus, ¨-er, das ***17*** *1*
kennenlernen ***22*** *2*
Kindermode (Sg.), die ***17*** *6*
Kino, -s, das **13** 1
Kite-Surfen (Sg.), das ***ZS 8*** *1*
Kleid, -er, das **17** 6
Kleidung (Sg.), die ***Start*** *2*
klein **14** 1
Kleintier, -e, das ***ZS 7*** *4*
kochen **23** 1
komisch ***ZS 5*** *1*
Kopf, ¨-e, der **15** 5
Kopfschmerzen (Pl.) ***15*** *8*
kosten ***16*** *7*
krank **15** 5
Krankenhaus, ¨-er, das **17** 1
Küche, -n, die **20** 5
Kuchen, -, der **20** 1
Kühlschrank, ¨-e, der **20** 5
kürzlich ***Start*** *3*

L

lächeln ***19*** *9*
Lampe, -n, die **20** 5
Land, ¨-er, das **22** 2
Landschildkröte, -n, die ***19*** *5*
langsam **19** 3
langweilig **17** 9
Laptop, -s, der ***Start*** *1*
lassen **23** 4
leider **15** 4
letzter/es/e ***ZS 8*** *1*
Leute (Pl.) ***22*** *2*
lieb **19** 3
Liebe (Sg.), die ***20*** *4*
lieber **18** 3
Lieblingsessen, -, das **24** 5
Lieblingsfarbe, -n, die **17** 13
Lieblingshobby, -s, das ***13*** *7*
Lieblingskleidung (Sg.), die ***24*** *5*
lustig **ZS 5** 1

M

Mailbox, -en, die ***Start*** *1*
man **22** 2
Mann, ¨-er, der **ZS 5** 1
Mantel, ¨-, der **17** 6
Markt, ¨-e, der **17** 1
Marktplatz, ¨-e, der **17** 1
Marmelade, -n, die **20** 1
Maschine, -n, die ***16*** *9*
Medien (Pl.) ***17*** *6*
Medizin (Sg.), die ***17*** *4*
Meer, -e, das ***24*** *12*
Meerschweinchen, -, das ***19*** *1*
Million, -en, die ***ZS 7*** *4*
mit **18** 1
mitbringen **21** 6
mitfahren ***23*** *3*
mitgehen ***15*** *1*
Mitschüler, -, der ***14*** *5*
Mittag, -e, der **24** 8
Mittagessen, -, das ***20*** *3*
Mode, -n, die ***17*** *6*
Modeabteilung, -en, die ***Start*** *2*
modern ***17*** *13*
möglich **ZS 8** 1
Monat, -e, der, ***16*** *7*
Multimedia (Sg.), das ***Start*** *2*
Musiker, -, der ***Start*** *3*
Musikschule, -n, die ***15*** *2*
müssen **23** 9

N

nach (lokal) ***22*** *2*
Nachmittag, -e, der **19** 9
nachsehen ***23*** *4*
Nacht, ¨-e, die **24** 8
nämlich ***15*** *8*
natürlich ***21*** *2*
nennen ***13*** *2*
noch einmal ***24*** *13*
Norden (Sg.), der **23** 9
Nordeuropa (Sg.), das ***23*** *9*
Norwegen (Sg.), das ***23*** *9*
nutzen ***Start*** *2*

O

offen **21** 2
ohne **23** 3
Ohrring, -e, der **16** 1
online ***Start*** *1*
Online-Bezahldienst, -e, der ***Start*** *2*
Online-Shopping (Sg.), das ***Start*** *2*
Ordnung (Sg.), die **21** 1

P

Paar, -e, das ***17*** *9*
Papagei, -en, der ***19*** *1*
Papiere (Pl.) ***19*** *5*
Park, -s, der **15** 2
Plan, ¨-e, der ***17*** *2*
Pole, -n, der ***ZS 8*** *3*
polnisch ***ZS 8*** *3*
Pool, -s, der ***ZS 8*** *1*
Poster, -, das **Start** 1
Postkarte, -n, die **24** 7
Probe, -n, die ***20***
Probetier, -e, das ***19*** *6*
prüfen ***Start*** *2*
Pullover, -, der **17** 6

Wortliste

R

Rad fahren **13** 1
Radio, -s, das **17** 9
raus **20** 5
Regen (Sg.), der **23** 9
Regenjacke, -n, die **23** 9
regnen **23** 9
Reise, -n, die **Einstieg** 8
reiten **13** 2
Reiterhof, ⸚e, der **ZS 8** 1
Reitunterricht (Sg.), der **ZS 8** 1
Restaurant, -s, das **ZS 8** 1
Rezept, -e, das **17** 4
Ring, -e, der **16** 1
rufen **ZS 5** 1
Ruhe (Sg.), die **15** 3

S

Sache, -n, die **23** 3
sammeln **16** 7
sauber **21** 1
sauer (ärgerlich) **21** 2
schenken **16** 7
Schildkröte, -n, die **19** 1
Schlafzimmer, -, das **20** 5
schmecken **20** 2
Schmerz, -n, der **15** 5
Schmuck (Sg.), der **17** 6
Schokolade, -n, die **20** 1
Schrank, ⸚e, der **20** 5
Schuh, -e, der **17** 6
Schülerzeitung, -en, die **14** 6
Schutz (Sg.), der **Start** 2
Schweden (Sg.), das **23** 9
schwierig **23** 9
Schwimmbad, ⸚er, das **15** 1
schwimmen **13** 1
Schwimmsachen (Pl.) **23** 9
Seilbahn, -en, die **22** 1
sein/e **16** 7
selbst **Start** 3
selbstverständlich **Start** 3
Set, -s, das **17** 9
Shirt, -s, das **Start** 2
shoppen **13** 1
sicher (sein) **ZS 7** 1
Sicherheit, -en, die **Start** 2
Sie (Höflichkeitsform) **18** 5
sitzen **ZS 5** 1
Skatepark, -s, der **15** 1
Smartphone, -s, das **Start** 1
Snowboard, -s, das A1.1 **Start** 1
sogar **ZS 7** 1
Sommer, -, der **13** 1
Sommerferien (Pl.) **23** 6
Sonne, -n, die **23** 9
Spanier, -, der **ZS 8** 3
Spanisch (Sg.), das **ZS 8** 3
spazieren gehen **13** 2
Spielplatz, ⸚e, der **15** 1
Sporthalle, -n, die **15** 9
sportlich **14** 1
Sprachbuch, ⸚er, das **14** 7
Sprachenschule, -n, die **ZS 8** 2
Star, -s, der **ZS 7** 1
Statistik, -en, die **ZS 7** 4
stattfinden **15** 9
Stock (Stockwerk) *(Sg.), der* **17** 6
stottern **19** 9
Strand, ⸚e, der **24** 1
Studio, -s, das **Start** 3
Stuhl, ⸚e, der **20** 5
Süden (Sg.), der **23** 9
Südeuropa (Sg.), das **23** 9
superintelligent **21** 7
Suppe, -n, die **20** 1
surfen **13** 2
surfen (im Internet) **Start** 1
Surfkurs, -e, der **ZS 8** 1
süß **16** 7
Süßigkeit, -en, die **20** 4
sympathisch **Start** 3

T

Tablet, -s, das **Start** 1
tanzen **13** 2
Tanzschule, -n, die **ZS 8** 2
Taschengeld (Sg.), das **16** 1
tauschen **ZS 8** 1
Technik, -en, die **Start** 2
teilnehmen **15** 8
Tennisplatz, ⸚e, der **ZS 8** 1
Tennisturnier, -e, das **15** 5
Termin, -e, der **Start** 3
teuer **16** 1
Ticket, -s, das **Start** 3
Tierheim, -e, das **19** 4
Tisch, -e, der **20** 5
Toilette, -n, die **ZS 8** 1
Tournee, -n, die **Start** 3
tragen **18** 3
Traumberuf, -e, der **ZS 7** 1
traurig **24** 12
treffen **13** 1
treffen (sich) **24** 8
T-Shirt, -s, das **Start** 1
Tür, -en, die **20** 5
Türkei (Sg.), die **22** 1
Turnier, -e, das **15** 9
TV-Serie, -n, die **ZS 7** 1

U

üben **15** 8
Überraschung, -en, die **15** 9
Überraschungssieger, -, der **15** 9
umgehen (mit) **ZS 7** 1
unser/e **21** 3
unsportlich **14** 1
unsympathisch **14** 1

V

vergessen **23** 3
verheiratet **18** 6
verlassen **Start** 3
vierzehnjährig **15** 9
Vogel, ⸚, der **ZS 7** 4
vorhaben **23** 5
vorkommen **ZS 8** 1
Vormittag, -e, der **24** 8
Vorsicht (Sg.), die **20** 4
vorstellen (sich) **24** 4

Wortliste

W

warm **23** 9
warum **22** 2
*Wasserschildkröte, -n, die **19** 5*
*Wassersport (Sg.), der **ZS 8** 1*
*Webseite, -n, die **Start** 2*
*wegen **19** 5*
*wegfahren **22** 1*
wehtun **15** 5
weit **22** 1
*weiter **22** 1*
*Weiterfahrt (Sg.), die **23** 4*
*Welt, -en, die **ZS 7** 1*
*wenig **16** 10*
*Wetter (Sg.), das **23** 9*
*wie oft **24** 13*
wieder **22** 1
wiederholen **24** 13
Winter, -, der **13** 1
*Witz, -e, der **ZS 5** 1*
Woche, -n, die **16** 7
Wochenende, -n, das **23** 6
Wohnung, -en, die **20** 5
*Wohnwagen, -, der **ZS 8** 1*
Wohnzimmer, -, das **20** 5
wollen **23** 5
*Wunsch, ¨-e, der **16** 5*
wünschen (sich) **16** 1

Z

zeigen **Start 3**
Zeitung, -en, die ***19*** 5
*Zelt, -e, das **23** 5*
Zimmer, -, das **20** 5
zu (teuer/...) **22** 1
zu Fuß **22** 1
zu (lokal: zum/zur) ***24** 9*
Zug, ¨-e, der **22** 1
*zurzeit **ZS 7** 1*
*zurück **22** 1*
*zurückgeben **19** 4*
*Zusammenarbeit (Sg.), die **Start** 2*

Quellenverzeichnis

Cover: © Getty Images/iStock/PeopleImages
U2: © Digital Wisdom
S. 3: Modul 5: 1. Spalte von oben © Thinkstock/iStock/Catherine Yeulet; © Thinkstock/Valueline/James Woodson; © Thinkstock/iStock/Kevin Landwer-Johan; 2. Spalte von oben: © Thinkstock/iStock/Louis-Paul St-Onge; © iStock/Johnny Greig; © Thinkstock/Paul; Modul 7 © Thinkstock/Stockbyte/Thinkstock; Modul 8: links © iStock/Flamingo_Photography; rechts © fotolia/grafikplusfoto; Magazin © Thinkstock/iStock/carollux
S. 7: 1 © Thinkstock/iStock/cloudnumber9; 2 © Thinkstock/iStock/yuran-78; 3 © Thinkstock/iStock/pialhovik; 4 © Thinkstock/iStock/Ellagrin; A © Thinkstock/iStock/KatarzynaBialasiewicz; B © Thinkstock/moodboard; C © Thinkstock/iStock/ViewApart
S. 8: A © fotolia/adam121; B © iStock/IPGGutenbergUKLtd; C © Thinkstock/Stockbyte/Thinkstock Images
S. 9: Skatepark © Thinkstock/iStock/carrotfoto; tanzen © Thinkstock/Digital Vision/Bec Parsons; sechs Freunde: 1. Reihe von links: © Thinkstock/iStock/Catherine Yeulet; © Thinkstock/iStock/Kevin Landwer-Johan; © Thinkstock/iStock/Louis-Paul St-Onge; 2. Reihe von links: © Thinkstock/Valueline/James Woodson; © iStock/Johnny Greig; © Thinkstock/Paul; Jahreszeitenbäume von links: © Thinkstock/Zoonar RF; © iStock/da-kuk; © Thinkstock/iStockphoto; © iStock/a4ndreas; snowboarden © Thinkstock/iStock/Konstantin Shishkin; Basketball spielen © Thinkstock/Hemera/Olga Savchenko
S. 10: Collage: Junge brünett mit Brille © iStock/Johnny Greig; Mädchen brünett © Thinkstock/iStock/Louis-Paul St-Onge; Mädchen blond © Thinkstock/Paul; Junge rothaarig © Thinkstock/iStock/Kevin Landwer-Johan; Junge brünett © Thinkstock/iStock/Catherine Yeulet; Mädchen rothaarig © Thinkstock/Valueline/James Woodson; Ü1b: D © Thinkstock/Monkey Business/Monkey Business Images; U © iStock/Linda Kloosterhof; F: Personen © Thinkstock/iStock/5xinc; Leinwand © Thinkstock/Ingram Publishing; E © Thinkstock/iStock/Milenko Bokan; N © Thinkstock/iStock/Konstantin Shishkin; R © Thinkstock/iStock/Mike Watson Images
S. 11: A © Thinkstock/iStock/yuran-78; B © iStock/Linda Kloosterhof; C © Thinkstock/Digital Vision/Bec Parsons; D © Thinkstock/Monkey Business/Monkey Business Images; E © PantherMedia/Meseritsch Herby; F © Thinkstock/Stockbyte/altrendo images; G © Thinkstock/iStock/Konstantin Shishkin; H © Thinkstock/iStock/fotokostic; I © fotolia/Markus Schieder; J © Thinkstock/iStock/carrotfoto; K © PantherMedia/Pumuckl; L © Thinkstock/iStock/monkeybusinessimages; M © Thinkstock/iStock/PavelRodimov; N © Thinkstock/iStock/gbh007
S. 12: A © Thinkstock/Zoonar RF; B © iStock/da-kuk; C © Thinkstock/iStockphoto; D © iStock/a4ndreas
S. 13: A © Thinkstock/iStock/Catherine Yeulet; B © Thinkstock/iStock/Louis-Paul St-Onge; C © Thinkstock/Valueline/James Woodson; D © Thinkstock/iStock/Kevin Landwer-Johan; E © Thinkstock/Paul; F © iStock/Johnny Greig
S. 14: E © iStock/Mordolff; N © iStock/jaap-willem; L © Thinkstock/moodboard; S © iStock/craftvision; E © iStock/IS_ImageSource
S. 16: T © Thinkstock/iStock/carrotfoto; R © Sina Ettmer – stock.adobe.com; P © Thinkstock/Hemera/Olga Savchenko; O © irisblende.de; S © fotolia/Loretta Gruber
S. 18: Ü5b: A, F © Hueber Verlag/Nina Metzger; B © Thinkstock/iStock; C © Thinkstock/Stockbyte/altrendo images; D © Thinkstock/iStock/Kevin Landwer-Johan; E © Thinkstock/iStock/Wavebreakmedia Ltd; Ü7 © iStock/Johnny Greig
S. 19: Ü10 von links: © iStock/Johnny Greig; © Thinkstock/Paul; © Thinkstock/iStock/Catherine Yeulet; © Thinkstock/iStock/Louis-Paul St-Onge; © Thinkstock/Valueline/James Woodson; © Thinkstock/iStock/Kevin Landwer-Johan; Ü10b: A © Thinkstock/Zoonar/D.Dzinnik; B © Thinkstock/iStock/Milan Markovic; C © iStock/Zemdega; D © Thinkstock/iStock/ahmet ercan senkaya; E © Thinkstock/iStock/tab1962
S. 21: tanzen © Thinkstock/Digital Vision/Bec Parsons; Schach © iStock/IS_ImageSource; Skateboard © iStock/jaap-willem; Musik © Thinkstock/moodboard
S. 23: Kleiderstange © Thinkstock/iStock/Anna Sirotina; Stadt © Getty Images/E+/funky-data
S. 24: Hund © Thinkstock/iStock/GlobalP; Katze © Thinkstock/iStock/2002lubava1981; Ring © Thinkstock/Zoonar/unknown; Ohrringe © Thinkstock/iStock
S. 30: Pulli © Thinkstock/Zoonar RF; Schuh © Thinkstock/Stockbyte/Ryan McVay; Ohrring © Thinkstock/iStock/Zyphyrus; Bluse © iStock/Floortje; Uhr © PantherMedia/Andreas Münchbach; Jacke © Thinkstock/Hemera/Roman Sigaev; Fußball © Thinkstock/iStock/Andrey_Kuzmin; Jeans © Thinkstock/iStock/Digital Paws Inc.; Mantel © iStock/lepas2004; Kleid © Thinkstock/iStock/Lalouetto
S. 31: Nimm zwei © Thinkstock/iStock/Kudryashka; Winter © Thinkstock/iStock/gmast3r; Ohrringe © Thinkstock/iStock/Hreni
S. 32: A © Thinkstock/iStock/GlobalP; B © Thinkstock/iStock/Jani Bryson; C © Hueber Verlag/Britta Meier; D © Thinkstock/iStock/2002lubava1981; E: Shirt © Thinkstock/iStock/geargodz; Motiv Hund Katze © Hueber Verlag/Nina Metzger
S. 34: Eheringe © Thinkstock/Photodisc/Spike Mafford
S. 39: Meerschwein oben links © Thinkstock/iStock/VikaRayu; Hund rennend © Thinkstock/iStock/Stefanie Müller; Sendung: Fernseher © fotolia/ostap25; Moderatorin © Thinkstock/iStock/Antonio_Diaz; A © Thinkstock/iStock/Geoff Hardy; B © Thinkstock/iStock/Mr_Mozymov; C © Thinkstock/iStock/gogelina; Küche © iStock/kevin miller; Familie © Thinkstock/Stockbyte/Thinkstock; Katze © Thinkstock/iStock/Irina Karlova; Papagei © PantherMedia/M. Perez Leal; Schildkröte © Thinkstock/iStockphoto
S. 40: Familie © Thinkstock/Stockbyte/Thinkstock Images; A © Thinkstock/iStock/Stefanie Müller; B © Thinkstock/iStock/VikaRayu; C © Thinkstock/iStock/Irina Karlova; D © PantherMedia/M. Perez Leal; E © Thinkstock/iStockphoto
S. 41: Junge, Mädchen © Thinkstock/Stockbyte/Thinkstock Images; Moderatorin © Thinkstock/iStock/Antonio_Diaz; A © Thinkstock/iStock/Geoff Hardy; B © Thinkstock/iStock/Mr_Mozymov; C © Thinkstock/iStock/gogelina
S. 45: Hund © Thinkstock/iStock/Xavier Trilla; Pfotenabdrücke © Thinkstock/iStock/Yevgeniy Il\'yin
S. 46: A © Thinkstock/TongRo Images; B © iStock/kevin miller; C © iStock/kevin miller; D: Schlafzimmer © fotolia/ostap25; Sendung: Fernseher © fotolia/ostap25; Moderatorin © Thinkstock/iStock/Antonio_Diaz; A © Thinkstock/iStock/Geoff Hardy; B © Thinkstock/iStock/Mr_Mozymov; C © Thinkstock/iStock/gogelina
S. 47: alle Fotos © Thinkstock/Stockbyte/Thinkstock Images
S. 48: Lina © Thinkstock/Photodisc/Jack Hollingsworth
S. 50: 1 © Thinkstock/iStock/Sergey Lavrentev
S. 51: Illustration Tierische Gesellschaft © Thinkstock/iStock/ayutaka; Fische © Thinkstock/iStock/murengstockphoto; Vögel © Thinkstock/iStock/cynoclub; Kleintiere © Thinkstock/iStock/cynoclub; Hund, Katze © Thinkstock/Zoonar/P.Jilek
S. 53: Zeltplatz © fotolia/philipus; Flugzeug © fotolia/Eray; Familie © iStock/Flamingo_Photography; Junge Strand © fotolia/grafikplusfoto; Pool © Thinkstock/Hemera/Ivan Hafizov; Mädchen links © iStock/Flamingo_Photography; Junge rechts © fotolia/grafikplusfoto

S. 54: A © iStock/Juanmonino; B © iStock/Flamingo_Photography; C © Thinkstock/Getty Images/Jupiterimages; D © fotolia/grafikplusfoto; E © Thinkstock/iStock/Linda Yolanda; 1 © Thinkstock/Hemera/Robert Wilson; 2 © Thinkstock/iStock/scanrail; 3 © fotolia/SNEHIT; 4 © Thinkstock/iStockphoto; 5 © fotolia/Eray; 6 © Thinkstock/iStock/pia_ch; 7 © Thinkstock/iStock
S. 55: A © Thinkstock/iStock/kityowong; B © Thinkstock/iStock/slava296
S. 56: L: Hotel © Thinkstock/iStock/slava296; Junge © fotolia/grafikplusfoto; A © Thinkstock/Hemera/Ivan Hafizov; E: Zeltplatz © fotolia/philipus; Familie © iStock/Flamingo_Photography; B: Frau, Restaurant © iStock/coloroftime
S. 57: A © fotolia/Serggod; B © Thinkstock/iStock/Andrey_Kuzmin; C © fotolia/nexusseven; D © iStock/STILLFX
S. 58: Ü5, Ü7 rechts © iStock/Flamingo_Photography; Ü7 links © Thinkstock/iStock/michaeljung
S. 59: Karte Europa © Thinkstock/Stockbyte; Windrose © fotolia/Dirk Schumann
S. 60: Fabio © Thinkstock/Juanmonino
S. 61: Fabio © Thinkstock/Juanmonino
S. 62: Postkarte © Thinkstock/iStock/kolae; Briefmarke © Thinkstock/Hemera/Jelica Videnovic
S. 63: Ü12 © fotolia/grafikplusfoto
S. 64: A © Thinkstock/iStock/vip2807; B © Thinkstock/iStock/marigold_88; C © Thinkstock/iStock/CharliePhotox; D © Thinkstock/iStock/bubaone
S. 65: Café © Thinkstock/iStock/konstantin32; Stadion © Thinkstock/Photos.com; Snowboard © MEV; See © fotolia/Bianka Hagge; Bühne © Thinkstock/iStock/DenKuvaiev; Ü3 © iStock/Susan Chiang
S. 67: Brandenburger Tor © Thinkstock/iStock/carollux; Karneval-Collage: Mainz © oxie99 – stock.adobe.com; Clown © Racle Fotodesign – stock.adobe.com; Würfel © Thinkstock/iStock/Yommy8008
S. 74: Piktos Glückssymbole © Thinkstock/iStock/pking4th; Luftballons © Thinkstock/Hemera/Renata Osinska; 31 Dezember: Kalender © fotolia/ehrenberg-bilder; Hintergrund © Thinkstock/iStock/Jag_cz; Fisch © Thinkstock/Zoonar/D.Dzinnik; Raclette © Thinkstock/iStock/tiagozr; Üb 1. Reihe von links: © Thinkstock/iStock/Tuned_In; © fotolia/VRD; © Thinkstock/Photodisc/Thomas Northcut; 1 © fotolia/blende40; 2 © fotolia/blende40; 3 © PantherMedia/jonnysek; 4 © F1online/RelaXimages RM
S. 75: Uhr © Thinkstock/iStock/8213erika; Piktos Glückssymbole © Thinkstock/iStock/pking4th; Üd von links: © Thinkstock/iStockphoto; © fotolia/Mirko Meier; © fotolia/HLPhoto; © Thinkstock/iStock/Chris Elwell; © Thinkstock/Hemera/Birgit Reitz-hofmann; Prater © dpa Picture-Alliance/HANS PUNZ; Brandenburger Tor © Thinkstock/iStock/carollux; Hintergrund Wunderkerze © Thinkstock/Hemera/Gunnar Pippel
S. 76: Köln © Guido Grochowski – stock.adobe.com; Karneval-Collage: Mainz © oxie99 – stock.adobe.com; Clown © Racle Fotodesign – stock.adobe.com; Rosenmontagszug © Thinkstock/iStock Editorial/Thomas Quack; Schull- und Veedelszöch © Thinkstock/iStock editorial/TimEKlein; Hintergrund Konfetti © Thinkstock/iStock/mygtree
S. 77: Hintergrund Konfetti © Thinkstock/iStock/mygtree; Umzug © iStock/schulzhattingen/Olaf Schulz; Waggis © Thinkstock/iStock/Siegfried Boes; Familie © iStock/Tim E. Klein
S. 78: A-C: Screenshots aus dem Film: Mingamedia Entertainment GmbH, Unterföhring
S. 79: Ü2a: A: Screenshot aus dem Film: Mingamedia Entertainment GmbH, Unterföhring; B © Bridgeman Images; C © Getty Images/iStock/nicoolay; D © Thinkstock/Getty Images/Photos.com; E © Getty Images/De Agostini; F © Getty Images/Hulton Fine Art Collection
S. 80: Landkarte © Digital Wisdom; Himmelsrichtung © fotolia/Dirk Schumann
S. 81: Schweiz, Screenshot aus dem Film: Mingamedia Entertainment GmbH, Unterföhring; Frau © Getty Images/E+/martin-dm

Zeichnungen: Bettina Kumpe, Braunschweig
Alle weiteren Fotos: Matthias Kraus, München
Bildredaktion: Ahmadullah Dardmanesh, Hueber Verlag, München